零基础
读懂经济学

罗 凯 ◎著

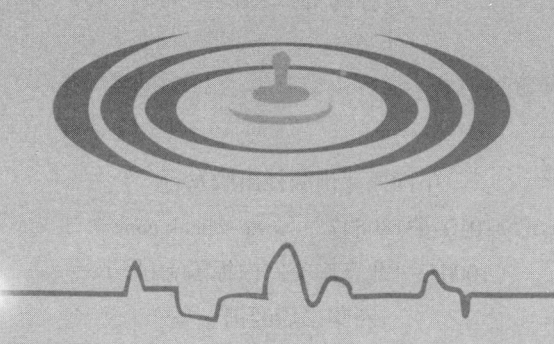

中国商业出版社

图书在版编目(CIP)数据

零基础读懂经济学 / 罗凯著. -- 北京：中国商业出版社, 2019.6
ISBN 978-7-5208-0797-5

Ⅰ.①零… Ⅱ.①罗… Ⅲ.①经济学—通俗读物 Ⅳ.①F0-49

中国版本图书馆CIP数据核字(2019)第125756号

责任编辑：朱丽丽

中国商业出版社出版发行
010-63180647　www.c-cbook.com
(100053　北京广安门内报国寺1号)
新华书店经销
三河市宏顺兴印刷有限公司印刷

*

880毫米×1230毫米　32开　6印张　130千字
2019年9月第1版　2019年9月第1次印刷
定价：39.80元

****

(如有印装质量问题可更换)

序

"经济"一词,在西方源于希腊文,原意是家计管理。在中国古汉语中,"经济"一词是"经邦"和"济民""经国"和"济世",以及"经世济民"等词的综合和简化,含有"治国平天下"的意思。内容不仅包括国家如何理财、如何管理其他各种经济活动,还包括国家如何处理政治、法律、教育、军事等方面的问题。

但是经济学作为一门学科的历史只有200多年。1776年,一位叫亚当·斯密(1723—1790)的英国人写了一本书,叫《国民财富的性质和原因的研究》,也就是俗称的《国富论》,这本书被公认为第一本真正意义上的经济学著作,亚当·斯密因此也被称为"经济学之父"。此后,经济学登堂入室,成为一门独立的科学,甚至被称为所有社会科学的"皇后"。

翻开词典,看到的"经济学"的定义是:经济学是研究人类经济活动的规律即价值的创造、转化、实现的规律——经济发展规律的理论。很多人认为,这是一门深奥、繁杂的理论。

其实,经济学要解决的无非是人类最基本、最重大的问题,也就是"人类如何才能活得更快乐、更幸福"。正如经济学家威廉·杰文斯说:"快乐与痛苦无疑是经济计算的最终目的,以最小的努力满足最大欲望,以最小厌恶的代价获取最大欲望的快乐。使快乐增至最大限度,就是经济学的任务。"19世纪伟大的经济学家阿尔弗雷德·马歇尔也说过:"经济学是一门研究人类一般生活事务的学问。"

看,那看似"一本正经"的理论名词,其实是对具有普遍意义的常识观点的精练概括。举些例子,你就更加明白了:当你喜欢上一个人,时间久了,对她的喜欢并不如当初,觉得是对方变了,可经济学告诉你,这叫边际效用递减规律;当提到方便面,虽然超市里有那么多种品牌,你首先想到的也只有×××或者××,这就是经济学里所讲的不完全竞争;当你买二手车时,总担心被骗而不敢轻易出高价,卖家也会因为你给的价钱太低,而不想和你达成交易,这便是经济学家常说的"逆向选择"……

有学生曾问一位经济学大师:"为什么要学经济学?"大师回答:"学习经济学并不能保证你不失业,但可以让你理解,你为什么会站在领取失业保险金的队伍里。"所以,千万不要以为经济学离我们很遥远,生活中的经济学无处不在。不管你看新闻联播、租房或购房、管理企业或经商……都将因学习并运用经济学理论而受益。

本书的重点不在于要求你能掌握那些深奥的理论或者学会使用数学、图表之类的工具分析经济问题,而是在于逐步引导你"像经济学家一样思考",也就是学会用经济学的思维方式去思考、分析现实生活中的各种问题,并做出决策。总之一句话,本书讲的不是致富术,而是指导你如何看明白这个花花世界,然后过好你的人生。

目录 CONTENTS

第一章
经济学术语——你了解多少,就能收获多少

商品:阳光为什么不能买卖 \ 002

价值:经济学家在争论什么 \ 004

价格:供需变化的晴雨表 \ 006

CPI:钱为什么越来越不经花 \ 009

GDP:衡量经济实力的重要指标 \ 011

比较优势:做个懂自己的明白人 \ 015

互联网+:我消灭你,与你无关 \ 017

第二章
货币经济学:一切经济现象,都是货币现象

货币:价值和财富的代表 \ 020

虚拟货币:电子商务的产物 \ 023

M1与M2:钱是怎么被"创造"出来的 \ 025

存款准备金:金融机构存在央行的钱 \ 027

利率:资金使用权的价格 \ 029

劣币驱逐良币:劣币缘何可以大行其道 \ 031

第三章
成本经济学——懂成本，你就是半个经济学家

隐性成本：看不见的利润吞噬者 \ 034

边际成本：投入与产量的关系 \ 036

可变成本：盈亏平衡的重要参考 \ 039

重置成本：想换就换为哪般 \ 042

交易成本：老人买菜为什么爱讲价 \ 045

机会成本：鱼和熊掌不能兼得 \ 047

时间成本：时间不值钱？是人不值钱 \ 049

沉没成本：要掌控住，但不能死磕 \ 051

第四章
市场经济学——市场是围绕需求转动的

买方市场：供大于求，买方居主导地位 \ 054

卖方市场：供不应求，价格卖家说了算 \ 056

需求弹性：价格下降，需求量增加 \ 058

供给侧改革：馒头不好卖，就卖包子 \ 060

通货膨胀：市场经济的晴雨表 \ 062

第五章
职场经济学——到底谁赚走了你的薪水

按劳分配：涨薪靠功劳，不靠苦劳 \ 066

公平与效率：一锅粥的五种分法 \ 068

失业率指标：经济指标中的"大哥大" \ 071

基尼系数：你是不是又被平均了 \ 073

伊斯特林悖论：幸福并非是收入堆出来的 \ 076

第六章
消费经济学——你花钱别人赚钱的奥秘

恩格尔定律：越穷越吃，越吃越穷？ \ 080

消费者剩余：千金买邻的背后 \ 082

节俭悖论：捡了芝麻，丢了西瓜 \ 085

边际效用：有用的东西不一定值钱 \ 087

羊群效应：人多本身就是说服力 \ 090

第七章
理财经济学——让财富增值速度跑赢CPI

黄金：保值增值的准货币 \ 094

复利：世界的第八大奇迹 \ 096

股票：是财富乐园，也是人间地狱 \ 098

基金：放长线才好钓大鱼 \ 100

保险：规避、分摊风险的好工具 \ 102

债券：到期还本付息的借条 \ 104

期货：现在做将来的生意 \ 107

第八章
投资经济学——资本游戏的时髦玩法

IPO：亿万富翁的孵化器 \ 110

价值投资：专情要比多情幸福100倍 \ 112

天使投资：面目最慈祥的伯乐 \ 114
买壳上市：资本市场的借尸还魂术 \ 116
兼并重组：你好我好大家好 \ 118
博傻理论：牛顿原来也是大笨蛋 \ 120

第九章
博弈经济学——竞争与合作，该谁说了算

垄断市场：除了我，你别无选择 \ 124
规模经济：阵容庞大不一定厉害 \ 126
完全竞争：不按套路出牌的雷克公司 \ 128
标准竞争：用规则的制定权谋取超额利润 \ 131
过度竞争：我不好过，也不让你好过 \ 133

第十章
经济陷阱——居安思危，看到繁荣背后的危机

中等收入陷阱：一道迈不过去的坎？ \ 136
热钱炒作：来也匆匆，去也匆匆 \ 138
次贷危机：都是金融衍生品惹的祸 \ 141
庞氏骗局：拆了东墙补西墙 \ 144
经济周期：该来的终究会来 \ 147

第十一章
政策与调控——无规矩，不成方圆

税收杠杆：国之税收，民邦之本 \ 150
拉弗曲线：税率越高政府越富？ \ 152

印花税：拔最多的鹅毛，听最少的鹅叫 \ 155

增值税：貌似不"公平"，但很合理 \ 157

所得税：财富分配的一把利器 \ 159

货币政策："美元总统"真不是盖的 \ 163

合理避税：交税也是有活动空间的 \ 165

第十二章
经济学定律——聊经济，这点道理你得懂

马太效应：好的越好，坏的越坏 \ 168

二八法则：无处不在的不平衡状态 \ 170

破窗理论：破坏并不能增加财富 \ 172

长尾理论：赚穷人的钱更容易 \ 175

萨伊定律：供给能够创造自身需求 \ 180

第一章

经济学术语——你了解多少，就能收获多少

如果你现在准备学点经济学，首先需要了解一些与国家经济、社会发展、人民生活密切相关的热点经济现象与话题。这些现象与话题往往可以被概括为经济学中的高频词汇、术语，只有准确了解这些词汇与术语，才能理性解读一些热点经济现象背后的问题。

商品：阳光为什么不能买卖

在生活中，"商品"是一个耳熟能详的词语，我们每天会提及"商品"，也会购买商品。可以说，生活处处离不开商品。

"商品"可以简单概述为：用于交换的劳动产品。这里有两层意思：其一，商品是经过人类劳动生产出来的产品，任何没有经过人类劳动而由大自然为我们提供的东西，都不能称为商品，比如空气、水、阳光、石头等，只有经过人类劳动加工的氧气、太阳能、自来水等才能算是商品；其二，商品一定是为交换而生产的产品，如果只是为了自己消费，那生产出来的劳动产品也不能算是商品。比如，我们在自家菜园里种一些蔬菜，用来自己消费的部分就不是商品，只有拿到菜市场出售的部分才算是商品。

可见，不管是什么东西，只要用于交换，它就可以被视为商品。比如，在乡村里，遍地都是泥土，可以说分文不值，也没有人会花钱买泥土，但是，在一些大城市里，有人养花草，有时却需要花钱买泥土，这时，泥土就成了商品。

当然，商品并非从人类出现之时就有的，是人类发展到一定历史阶段的产物。它的产生，必须具备如下两个条件：

首先是社会分工。社会分工是商品产生的基础。没有社会分工，就没有交换的需求，更没有交换的可能。社会分工的一大特征是，每一个劳动者只从事某些局部的、单方面的劳动，只生产某些，甚至某种单一的产品，但是，人们的需求是多方面的，为了满足自己的各种需求，生产者必然要相互用自己生产的产品去交换自己不生产而又需要的产品。这种商品生产和商品交换就是商品经济。

其次是所有权不同。所有权是商品得以生产的前提。因为生产资料和劳动产品属于不同的所有者，才会发生交换行为。在私有制条件下，产品交换的双方成为独立的利益主体，成为经济利益的对立面。这就决定了双方的交换不能不对等，而只能是对等的，即商品经济中的等价交换原则。劳动产品的交换既然是等价的商品交换，那么，生产者的生产过程就成为以直接交换为目的的商品生产过程。可见，商品既是社会分工的产物，也是私有制的产物。

不管是什么商品，都有两个最基本的属性，即价值与使用价值。价值是商品的本质属性，使用价值是商品的自然属性。比如，面包店出售的面包，它本身有价值，这种价值是指凝结在其中的无差别的人类劳动，也就是说，你每生产一个面包，都要付出必要的劳动。同时，它还有使用价值，即可以食用，可以解饥。严格来说，商品的使用价值是商品能够满足人们需要的物品的有用性，不同的商品具有不同的使用价值，不同的使用价值是由物品本身的自然属性决定的。同一种商品具有多种自然属性，因而具有多方面的有用性。

在历史上，商品最早也被充当过货币，随着社会的发展，贵金属逐渐担当了这一角色。在金属货币的发展过程中，开始是由铜、铁等一般金属做币材，随着社会财富的增长，则由白银、黄金等贵金属做币材，所以马克思说："金银天然不是货币，但货币天然是金银。"

价值：经济学家在争论什么

在经济学中，"价值"是一个既浅显又很深奥的词。说它浅显，是因为我们都大概知道它的意思，也经常会谈论价值问题。说它深奥，是在对它的解释上，连一些知名的经济学家也会产生分歧。比如，在经济学的历史上，对到底是什么决定了价值这个问题，就有过激烈的争论。最初，许多经济学家都认为，是劳动决定了价值。像大名鼎鼎的经济学家亚当·斯密、威廉·配第、大卫·李嘉图等都坚持这种观点。

为什么这些知名的经济学家都不约而同地将价值，即两种商品交换的依据，归结于劳动呢？他们的逻辑是：社会必要劳动时间越长，则价值越大；社会必要劳动时间越短，价值越小。比如，生产一张桌子的社会平均劳动量是三个小时，这三个小时就是生产这张桌子的必要劳动时间，这三个小时的劳动量就是生产桌子的价值！

随着社会的发展和技术进步，劳动生产率不断提高，单位商品包含的社会必要劳动时间变短，也就是说，商品的价值不断贬值，商品会越来越便宜。这种观点曾经也是一种主流观点。

既然生产物品只需要付出劳动，那么，当两种东西互相交换的时候，只要看其中包含的劳动量便可以了。这时，劳动是唯一可以通约的东西，如果两件物品的劳动含量相同，就可以进行交换。如，可以用三头野猪换一头野牛，是因为捕获三头野猪付出的劳动与捕捉一头野牛付出的劳动相当。

英国经济学家大卫·李嘉图是劳动决定价值理论的代表人物。1817年，他发表了《政治经济学及赋税原理》，这也被视为古典经济学的巅峰之作，他也因此被称为英国古典经济学的完成者。每到一处，他都会宣传他的劳动决定价值的理论。

在一次演讲时，有个听众问了他一个问题。问题的大意是：现在有两瓶葡萄酒，一瓶生产出来后，马上拿到市场上出售，可以卖一个价钱，比如10英镑；另一瓶呢，没有拿去出售，而是窖藏起来了，过了很长一段时间，再拿出来卖，可以卖到100英镑。那么这多出来的90英镑，到底是谁创造的呢？是劳动吗？对于这个问题，李嘉图当时没有回答。

李嘉图为什么没有回答这个问题呢？因为这个问题很棘手。如果说这90英镑的价值是由劳动创造的，从道理上讲不通——虽然把酒窖藏起来需要劳动，但是这个劳动量非常少，与多出来的价值严重不成比例，至少这90英镑，不全是由劳动创造的。如果承认这部分价值不全是由劳动创造的，那么劳动创造价值的理论就站不住脚。所以，聪明的李嘉图没有回答这个问题。

当然，这个问题让李嘉图非常郁闷，有一次他给朋友写信，说自己想彻底放弃劳动价值学说。遗憾的是，在这种纠结与痛苦中，他离开了这个世界。

后来，《人口原理》的作者，著名的经济学家马尔萨斯调侃似的说："我很早之前就说过，决定价值的东西，不只有劳动，资本和劳动共同创造价值。"他的观点也得到了一部分经济学家的认可。在他之后，伟大的经济学家萨伊提出，应该再加上土地，就是劳动、资本、土地三要素共同创造价值。如此，人们对价值的认识又深入了一步。再后来，还有人说，应该再加上技术和知识等。

现在，经济学将劳动、资本、土地、技术和知识等统称为生产要素，认为这些共同决定了价值。

价格：供需变化的晴雨表

在经济学中，价格是商品同货币交换时，一单位商品需要的货币的数量，或者说，价格是价值的表现。价格是商品的交换价值在流通过程中所取得的转化形式。可见，价格是一项以货币为表现形式，为商品、服务及资产所订立的价值数字。

在交易当中，确定交换比例的依据是"价值"。由于有两个交换者和两种商品，所以，每一宗交易当中都存在着复杂的价值关系，即"人—物"组合关系。由于交换当中有两个地位对等的私有者，所以，交换比例的确定不是由某一方决定的，而是交换双方共同决定的。这样一来，价格就不是数轴上的一个"点"，而是数轴上的一个"闭区间"，"成交价"是按照一定的事前规则确定的位于这个区间内的一个"点"。

举个简单的例子。甲要和乙做一笔生意：甲想买乙的房子。乙开价100万元，甲还价90万元，双方经过一番讨价还价，最后以95万元成交。这里，90万~100万元就是价格上的一个"闭区间"，而成交价95万元则为这个区间内的一个点。

在现实生活中，我们之所以能够讨价还价，是因为价格往往不是一成不变的，价格也不是价值，它总是围绕价值在上下波动，有时高于价值，有时低于价值，这就是我们常说的"捡了便宜"，或是"这笔买卖赔了"。

不管是一个人对一种物的价值判断，还是两个人按照一定的价格进行两种物的交换，都是在某一个时间节点上发生的事情，即此一时彼一时，也就是说，不存在一成不变的价值判断和交换比例。不同的人对同一物的价值判断可能完全不同，随着时间的推移，价值判断也会发生变化。所以，生活中经常出现这样的事情：曾以相对较高的价格买下某种商品，觉得赔了，但过一段时间看，该商品大幅升值，价格也暴涨，这时竟发现自己大赚了一笔。

从本质上来说，价格是一种从属于价值，并由价值决定的货币价值形式。价值的变动是价格变动的内在的、支配性的因素，是价格形成的基础。价格除了由商品本身的价值决定外，还由货币本身的价值决定，所以，商品价格的变动，有时也未必反映商品价值的变动，比如，某种饮料一瓶卖5元钱，而且市场供应充足，但是由于货币贬值，售价很快涨到10元。这时，饮料本身的价值并没有发生多少变动，而是货币的价值发生了变化。

也就是说，在商品价值不变时，货币价值的变动就会引起商品价格的变动；商品价值的变动并不一定就会引起商品价格的变动。例如，在商品价值和货币价值按同一方向发生相同比例变动时，商品价值的变动并不引起商品价格的变动。这时，商品的价格虽然是价值的体现，但是，仍然存在着商品价格和商品价值不一致的情况。

再就是，价格也会受到商品供给的影响，即价格是市场的"晴雨表"，它反映了供给与需求之间的相互作用与变化。供给与需求是市场经济运行的力量，它们决定了每种物品的产量以及出售的价格。

除此之外，价格的变化与市场环境的变化也息息相关。通常，某个重要的事件，或是政府的某项政策，会影响到市场的价格，为了把握住价格的变化趋势，就需要分析它们会如何影响市场的需求与供给。

一件商品能卖什么价格，最终以什么价格成交，取决于多种因素。这其中，价值是价格的基础，价值规律是商品竞技的基本规律，但并不是商品经济中唯一的规律！

CPI：钱为什么越来越不经花

CPI是英文"consumer price index"的简写，是民生经济的一个基本术语，意指消费者物价指数。它是一个反映一般居民家庭所购买的消费品和服务项目价格水平变动情况的宏观经济指标。简单来说，就是我们吃的、喝的、用的，与生活密切相关的消费品价格参考指标。经常被作为观察通货膨胀水平的重要指标。

在我国，CPI指数是按食品、烟酒及用品、衣着、家庭设备用品及服务、医疗保健及个人用品、交通和通信、娱乐教育文化用品及服务、居住这八大类来计算的。这八大类的权重总和加起来是100。其中，食品占的比重最大，包括粮食、肉禽及其制品、蛋、水产品、鲜菜、鲜果。

在每一类消费品中选出一个代表品，比如，大多数人是吃米还是吃面，是穿皮鞋还是穿布鞋等。国家统计局选出一定数量的代表品，把这些代表品的物价按每一月、每一季、每一年折算成物价指数，定期向社会公布，这就是我们所说的官方的CPI指数。

CPI=一组固定商品按当期价格计算的价值/一组固定商品按基期价格计算的价值×100%。

如今，民生感受已成为当今社会的重要话题，这就使物价理所当然地成了国家高度重视的问题。如果消费物价指数升幅过大，表明经济前景不明朗，通胀已经成为导致经济不稳定的因素。因此，该指数过大的升幅往往不被市场欢迎。

比如，在过去12个月，消费物价指数上升了3%，那就表示生活成本比12个月前平均上升3%。当生活成本提高，货币的购买力便会下降。也就是说，一年前的100元钱，现在拿出来花，只能买到价值97元的货品及服务。一般来说，当CPI的增幅大于3%时，就意味着存在通货膨胀；而当CPI的增幅大于5%时，意味着出现了严重的通货膨胀。

有人曾做过一个统计，列举了30多年前的1元钱与如今的1元钱之间的区别：

30年前，1元钱都能做什么？

可以交一个孩子半个学期的学杂费（一个学期2元），治疗一次感冒发烧（含打针），买20支雪糕（5分一支）、7斤大米、20斤小白菜、20个鸡蛋，到电影院看5次电影，坐20次公交车。

现在的1元钱能够做什么？

坐起价一元的公交车1次（还不能超出里程），买2个鸡蛋（还得挑个儿小的），买三两普通散装大米。

在日常生活中，CPI离我们说近也近，说远也远。近的是，它关系到民生，涉及我们的切身利益，其波动既影响政府的决策，也影响着我们的支出和实际收入。我们的生活时刻受CPI的影响，只是这种变化有时我们很难察觉到。远的是，它是经济学中的一个专业词汇，我们对它的了解还很肤浅，其构成及变动是否合理，为什么会对全球经济起到重要影响，都需要进行深入的学习和研究。

物价的涨跌是市场经济中的常见现象，只有严重时才会引起人们的关注。当预期良好时，人们沉浸在乐观的情绪中，经济一派繁荣。其实，问题也往往在这个时候开始悄悄酝酿，最后量变引发质变，在触发因素的影响下爆发，人们的预期恶化，经济随即衰退。在这样的经济周期中，CPI记录着整个经济演变情况。

GDP：衡量经济实力的重要指标

2018年，我国全年的GDP首次超过90万亿元，位列世界第二。这是一个天文数字，我们很难想象这个数字是一个什么概念。有人认为，这90万亿是中国2018年赚的钱，也有人说，这是所有人赚的钱与花的钱的总和。其实，这些说法都不对，要想正确理解这90万亿，必须先要准确了解GDP的真正含义。

GDP，即英文"Gross Domestic Product"的缩写，通称国内生产总值。一般我们这样定义GDP：一定时期内（一个季度或一年），一个国家或地区的经济中所生产出的全部最终产品和提供劳务的市场价值的总值。

在经济学中，GDP常用来作为衡量该国或地区的经济发展综合水平通用的指标，这也是目前各个国家和地区常采用的衡量手段。GDP是宏观经济中最受关注的经济统计数字，因为它被认为是衡量国民经济发展情况最重要的一个指标。

一般来说，国内生产总值有三种形态，即价值形态、收入形态和产品形态。从价值形态看，它是所有常驻单位在一定时期内生产的全部货物和服务价值与同期投入的全部非固定资产货物和服务价值的差额，即所有常驻单位的增加值之和；从收入形态看，它是所有常驻单位在一定时期内直接创造的收入之和。

GDP反映的是国民经济各部门增加值的总额。从产品形态看，它是最终使用的货物和服务减去进口货物和服务。在实际核算中，国内生产总值的三种形态表现为三种计算方法，即生产法、收入

法和支出法。三种方法分别从不同的方面反映国内生产总值及其构成。其计算公式为:

生产法:GDP=各产业部门的总产出-各产业部门的中间消耗

收入法:GDP=各产业部门劳动者报酬+各产业部门固定资产折旧+各产业部门生产税净额+各产业部门营业利润

支出法:GDP=总消费+总投资+净出口。

GDP统计方法	衡量方面	表现形态	计算方法
生产法	产出	价值形态	总产品-中间投入
支出法	需求	产品形态	最终消费+资本形成总额+出口-进口
收入法	收入	收入形态	劳动者报酬+生产税净额+固定资产折旧+企业盈余

如今,随着人们环保意识的提升,有了"绿色GDP"的提法。所谓绿色GDP,即从GDP中扣除由于环境污染、自然资源退化、教育低下、人口数量失控、管理不善等因素引起的经济损失成本。也就是指一个国家或地区在考虑了自然资源(主要包括土地、森林、矿产、水和海洋)与环境因素(包括生态环境、自然环境、人文环境等)影响之后经济活动的最终成果。这个指标实质上代表了国民经济增长的净效应。

绿色GDP用公式可以表示为:

绿色GDP=GDP总量-(环境资源成本+环境资源保护服务费用)

从这一概念的字面意思,我们不难理解:民众需要舒适从容的生存空间,国家要走可持续的良性发展道路。

当然,GDP并非衡量经济总量的唯一指标,存在许多与GDP类似的补充指标。比如,衡量国内总需求更为合理的国内总支出(GDE)指标、国民总收入(GNI)指标、国内总收入(GDI)指标、国民生产总值（GNP）指标等。

GDP与GNI、GNP的区别与关系如下：

1. GDP与GNI的关系

从概念和核算过程看，GDP是核算GNI的基础，先核算GDP，才能核算出GNI。两者的关系可用下列公式表示：

GNI＝GDP＋来自境外的要素收入净额

或者

GNI＝GDP＋（来自境外的要素收入－付给境外的要素收入）

其中：来自境外的要素收入是指从境外获得的资本和劳务收入，包括本国对外投资的收入以及本国居民在境外工作的劳动报酬；付给境外的要素收入是指对境外支付的资本和劳务收入，包括外国来投资的收入以及本国支付给外籍员工的劳动报酬。

GDP与GNI的区别在于，衡量经济总量的角度有所不同。GDP是一个反映生产成果的概念，它从生产角度衡量一个国家或地区的经济总量，只要是本国常驻单位生产活动创造的增加值，无论是由内资企业还是外商投资企业创造的，均应计入本国的GDP。GNI是一个反映收入总量的概念，它从收入初次分配的角度衡量一个国家或地区的经济总量，即在GDP的基础上，扣除外国在本国的投资和劳务收入，加上本国从境外获得的投资和劳务收入。

2. GDP与GNP的关系

国内生产总值（GDP）与国民生产总值（GNP）既有联系，又有区别。它们都是核算社会生产成果和反映宏观经济的总量指标。但因其计算口径不一样，相互间又有所区别。国内生产总值是指一个国家或地区范围内反映所有常住单位生产活动成果的指标。

国民生产总值是指一个国家或地区范围内的所有常驻单位，在一定时期内实际收到的原始收入（指劳动者报酬、生产税净额、固定资产折旧和营业盈余等）总和价值。本国常驻者通过在国外投资或到国外工作所获得的收入（称之为从国外得到的要素收入），应计入本国国民生产总值。而非本国国民在本国领土范围内的投资或工作所获得的收入（称之为支付给国外的要素收入），则不应计入本国的国民生产总值中。

GDP与GNP之间的换算关系为：

GNP=GDP+（本国公民在国外创造的价值总和−外国公民在本国创造的价值总和）

或者

GNP＝GDP＋国外净要素收入

一般各国的国民生产总值与国内生产总值二者相差数额不大，但如果某国在国外有大量投资和大批劳工的话，则该国的国民生产总值往往会大于国内生产总值。

在国际上，各个国家都倾向于使用GDP，因为这更能反映一国或者一个地区的区域竞争力、投资环境，等等。而GNP统计起来相对更有难度，而且以国籍划分意义不大。

比较优势：做个懂自己的明白人

在平时，我们讨论一个人、一家企业、一个组织，甚至一个国家所具有的某种优势时，常常会借用古典贸易理论的一个专有名词——比较优势。在一般的语境中，我们习惯用"比较优势"这样的词，阐述的意思大概为：A和B相比较，A有什么优势，而B又有什么优势，在分工合作中，A和B各自发挥自己的优势，整体的效率就会提高。于是"比较优势"就成了：自己跟别人比较，看哪些方面是强项。

不管在语法上，还是逻辑上，这种说法似乎都没有什么问题，听上去也很有道理。其实，这与经济学中的"比较优势"完全是两码事。

经济学中的比较优势原理，又叫比较成本理论，是经济学中最基本的原理之一，最早由英国经济学家大卫·李嘉图提出。李嘉图在《政治经济学及赋税原理》一书中继承和发展了亚当·斯密的绝对优势理论，建立了以自由贸易为前提的比较优势理论，不仅为工业资产阶级的斗争提供了有力的理论武器，也成为日后国际贸易理论的一块重要基石。

所以，在经济学中比较优势理论的含义是：在一个社会中，不管个体是一个人、一个家庭、一个地区，甚至是一个国家，如果他们把有限的资源，包括时间和精力，只用来生产他们的机会成本比较低的那些产品——也就是他们具有比较优势的产品——然后进行交换，这样整个社会产品的总价值能够达到最大，而且每一个个体都能够得到改善，而不论他们的绝对生产能力是高还是低。

比较优势的前身是亚当·斯密的绝对优势理论，它认为，当一个生产者生产一种产品比其他生产者效率都要高时，该生产者在这一产品中就拥有绝对优势。这个很容易理解，比如，你养牛和种土豆都比老张厉害，你生产一千克的牛肉和一千克的土豆分别需要半个小时和20分钟，但老张分别需要一个小时和半个小时。那你的生产效率就比老张高，你就拥有绝对优势。

与绝对优势理论不同，比较优势原理在于自己跟自己比，不是用自己的优势和别人的优势比。生活中比较优势原理一直在指导我们进行分工与合作。比如，现在很少有人会自己买布做衣服，说白了，这也体现了比较优势原理。为什么这么说呢？自己买布做衣服，虽然成本低一点，但是需要花时间与精力学习制作工艺，其实这都是成本。如果将这些时间与精力用在自己擅长的事情上，产生的价值可能要远远高于自己制作衣服节省下来的费用。

在现实生活中，我们不需要掌握所有的生活技能，而只需要专注自己最具比较优势的技能，做自己最擅长的事情，这样产生的价值才是最大的。

在此基础上，我们再通过交换来提升生活质量。如果你是一家公司的老板，你总是利用自己的工作时间扫地、擦桌子。听上去很接地气，可从比较优势原理来说，你是个十足的傻瓜。所以，我们需要更多地去借助他人的力量，也就是学会"购买别人的时间"，而把自己的时间用在自己更有优势的地方，这样的合作才能创造更多价值。

互联网+：我消灭你，与你无关

简单地说，"互联网+"就是"互联网+各个传统行业"，但这并非简单地将两者相加，而是利用信息通信技术以及互联网平台，让互联网与传统行业进行深度融合，创造新的发展生态。

比如，在教育领域，一所学校、一位老师、一间教室，这是我们眼中传统教育的样子。现在，运用"互联网+"可以将其改造为"互联网+教育"。结果是这个样子：一个教育专用网、一部移动终端、几百万学生，学校任你挑、老师由你选。

除此之外，还有"互联网+"制造业、"互联网+"零售、"互联网+"物流、"互联网+"餐饮、"互联网+"健康、"互联网+"养老、"互联网+"旅游、"互联网+"传媒等。

可见，"互联网+"代表一种新的社会形态，即充分发挥互联网在社会资源配置中的优化和集成作用，将互联网的创新成果深度融合于经济、社会各领域之中，提升全社会的创新力和生产力，形成更广泛的以互联网为基础设施和实现工具的经济发展新形态。

具体来说，"互联网+"可以从两个方面进行表述。

一是可以将"互联网+"概念中的文字"互联网"与符号"+"分开理解。"+"意为加号，即代表着添加与联合。这表明了"互联网+"计划的应用范围为互联网与其他传统产业，它是针对不同产业间发展的一项新计划，应用手段则是通过互联网与传统产业进行联合和深入融合的方式进行。

二是将"互联网+"作为一个整体概念，其深层意义是，通过对传统产业互联网化完成产业升级。互联网通过将开放、平等、互动等网络特性在传统产业的运用，通过大数据的分析与整合，试图理清供求关系，通过改造传统产业的生产方式、产业结构等内容，来增强经济发展动力，提升效益，从而促进经济健康有序发展。

在现实中，互联网与各个行业的结合，并不是要把既有行业消除掉，而是与传统行业协调发展。就以与我们日常生活、工作息息相关的通信领域为例，如今我们都在使用微信等社交APP，因此减少了对短信、电话的依赖。但是，这些社交APP在带给我们极大便利的同时，也让传统的电信运营商倍感压力，担心企业收入会因此而大幅下降，有的甚至还提出要对微信收费。事实是，来自数据流量业务的收入，完全弥补了语音通信收入的下滑。所以说，互联网的出现并没有颠覆传统的通信领域，反而加速了它更新换代的步伐。

不管是在哪个行业，无所不在的网络会同无所不在的计算、无所不在的数据、无所不在的知识，一起推动无所不在的创新，以及数字向智能并进一步向智慧的演进。

第二章

货币经济学：一切经济现象，都是货币现象

货币，我们几乎每天都要使用，它如同标尺一般，衡量着各种商品的价值，也方便着大家的生活。在漫长的岁月中，货币在商品流通过程中衍生出了很多形态与"故事"。了解这些"故事"，有助于我们理解货币与商品、价格之间的关系，以及它的运作对经济发展产生的影响。

货币：价值和财富的代表

狭义的货币是指用于支付商品劳务和清偿债务的物品。广义的货币是指购买货物、保存财富的媒介，实际是财产的所有者和市场关于交换权的契约，根本上是所有者之间的约定。

由于货币是价值和社会财富的一种代表，谁拥有了货币，就等于占有了价值和财富。占有的货币越多，即表明所拥有的商品越多。但是钱并不完全等于货币。按照经济学理论的解释，任何一种能执行交换媒介、价值尺度、延期支付标准或完全流动的财富储藏手段等功能的商品，都可被看作货币。那是不是说，人民币、美元、欧元才是货币，巧克力、可乐之类的商品也是货币呢？在现实生活中，巧克力、可乐当然不能当成货币，要了解货币，必须要了解货币的起源。

在物物交换的原始社会，人们并没有发明货币，而是使用以物易物的方式，交换自己所需要的物品。例如，有人需要木材，而有人需要羊的时候，一方就可以用一头羊来换几根木材。同样，也可以用羊来换牛、换猪、换石头等。但这里有一个前提：用羊和别人换自己需要的物品时，别人正好需要羊。

有时候，你只有羊，需要用羊换一些木材，但是发现，有木材的人却不需要羊，需要羊的人却没有木材，这时，你就需要先把羊换成牛，或者其他一些拥有木材的人需要的物品，通过这种间接的方式来达成交易。在实际生活中，这种交易方式非常麻烦，于是，人们就开始考虑：能不能寻找一种交换双方都能够接受的物品？不管要交易什么东西，都先换成这种物品，然后再用这种物品和别人交易。最后，人们形成共识，将盐、稀有的贝壳等作为交换的媒介，这即是原始的货币。

在人类早期历史上，贝壳是一种较难获得的物品，所以，它便充当了一般等价物的功能，"贝"因此成为最原始的货币之一。

在太平洋加罗林群岛中的雅浦岛，那里的人们使用石头作为货币。一枚货币就叫"一分"，但这种"一分"不像我们理解的"一分"，可以装在兜里。因为它是一块巨大的圆形石头，石头的中央有一个圆窟。按照当地人的习惯，石头的体积和直径越大，就越值钱。所以有的价值高的"分"直径达到5米。

这种货币是用石灰岩的矿物——文石刻成的，由于雅浦岛上没有文石，所以人们要到几百里外的帕拉乌岛去搬运，一个来回就要好几个星期。

巨大的石头货币，有优点也有缺点：优点是不怕盗窃，不怕火烧水浸，经久耐磨；缺点是不易搬运、携带不得。所以当用这个货币去购物时，必须要把货主带到石头货币旁边察看成色，然后讲价。

通过这个例子，我们依稀可以看到过去人们通过原始的货币交易的场景。货币产生后，给人们之间的交易带来了极大的便利。不管自己手里有什么，想得到什么，只需要经过两次交换就可以了。经过一段时间的发展，在大多数社会中，金属逐渐成了作为货币使用的最主要物品。这是因为，金属相对于盐、贝壳等有自身的优势，金属的制造需要人工，无法从自然界大量获取。这样就避免了一个人不大量地养羊或是牛，就可以得到许多的贝壳——可能只是在沙滩上偶然捡到很多。

另外，金属也比较容易储存，即使不用来交换，也可以存放很长时间。并且，和牛、羊等相比，金属可以分割，不需要整块交易。所以，数量稀少的金、银和冶炼困难的铜逐渐成为主要的货币金属。由此可见，货币的前身就是普普通通的商品，它是在交换过程中逐渐演变成一般等价物的。

货币是商品，但又不是普通商品，而是特殊商品。货币出现后，整个商品世界就分裂为两极，一极是特殊商品——货币，另一极是所有的普通商品。普通商品是以各种各样的使用价值的形式出现，而货币则是以价值的体化物或尺度出现，普通商品只有通过与货币比较，其价值才能得到体现，所有商品的价值只有通过与货币比较之后，相互之间才可以比较。

今天，货币作为交易的媒介，发挥着不可替代的融通作用。在我国，货币供应可以简单地划分为三个部门两个层次。三个部门分别是人民银行、商业银行以及实体经济。人民银行是货币的最终发行者和调控者，而发放和调控对象为商业银行，人民银行与商业银行之间构成货币供应的第一层次。过去十多年由于经常项目持续大额顺差，人民银行通过外汇占款向商业银行提供货币。

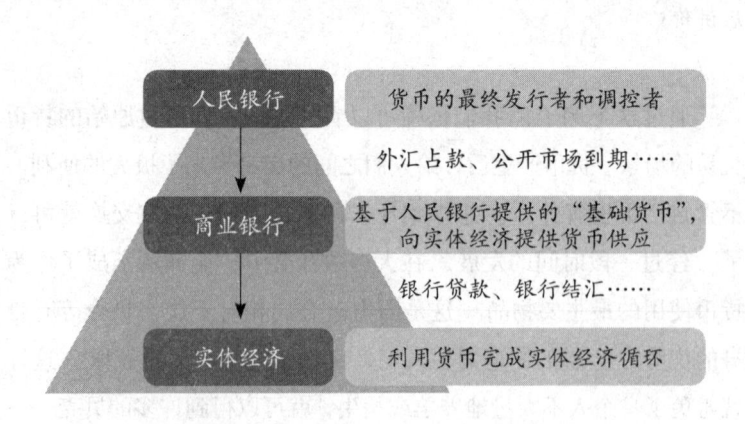

人民银行	货币的最终发行者和调控者
	外汇占款、公开市场到期……
商业银行	基于人民银行提供的"基础货币"，向实体经济提供货币供应
	银行贷款、银行结汇……
实体经济	利用货币完成实体经济循环

货币供应示意图

虚拟货币：电子商务的产物

现在的虚拟货币非常火热，不论是在工作场所，还是大街小巷，经常会听到有人在谈论诸如比特币等虚拟货币。那么，什么是虚拟货币呢？

顾名思义，虚拟货币就是非真实的货币，看不见，摸不着。我们耳熟能详的虚拟货币有各种游戏公司推出的点券、虚拟币、元宝，以及一些流行的数字货币，如比特币、莱特币、红币、质数币等。目前全世界发行有上百种数字货币。不管是哪种虚拟币，都与网络密切相关，甚至可以说，虚拟币是电子商务的产物。

在日常生活中，常见的虚拟货币大致可以分为以下几种：

第一种是大家熟悉的游戏币。比如，在游戏世界中，靠打怪升级等方式积累"货币"，这些"货币"只能用来买装备，或是在游戏世界中消费。最早的单机游戏中，玩家之间没有形成"市场"。互联网发展起来以后，各种门户和社区、大型游戏网站实现了联网，于是虚拟货币便有了"金融市场"，玩家之间可以交易游戏币。

第二种是门户网站或者即时通信工具服务商发行的专用货币。这种"货币"用于购买本网站提供的服务，或是兑换某种商品。使用最广泛的当属腾讯公司的Q币，可用来购买会员资格、QQ秀等增值服务。

第三种是互联网上的虚拟货币。比较知名的有比特币（BTC）、莱特币（LTC）等，比特币是一种由开源的P2P软件产生的电子货币，也有人将比特币意译为"比特金"，是一种网络虚拟货币。主要用于互联网金融投资，也可以作为新式货币直接在生活中使用。

世界上第一家比特币交易所成立于2010年2月6日，代表性事件是一名程序员用1万个比特币换了价值25美元的比萨优惠券。2013年11月，比特币涨到1000多美元，于2015年一度跌至200美元以下；2016年初变为400美元，到2017年底又涨至2万美元。可见投资这种虚拟币的风险极高。

目前，世界上对待比特币的态度主要有三种：一是可以将比特币作为数字货币进行支付；二是将比特币定义为"商品"，可以交易；三是将比特币定义为洗钱、金融诈骗的工具，要求坚决抵制。早在2013年12月，央行、工信部、银监会、证监会、保监会联合印发了《关于防范比特币风险的通知》，正式将比特币定义为"商品"，它不具有与货币等同的法律地位，因此不能而且也不应作为货币在市场上流通使用。也就是说，央行虽然不承认比特币的法定货币地位，但是没有否认比特币作为一种商品的合法性，不禁止投资、买卖比特币。普通民众在自担风险前提下拥有参与的自由。

在今天，虚拟货币扮演着越来越重要的角色，而且，越来越和现实世界交汇。网上虚拟货币的私下交易已经在一定程度上实现了虚拟货币与人民币之间的双向流通。这些交易者的活动表现为低价收购各种虚拟货币、虚拟产品，然后再高价卖出，依靠这种价格差赢取利润。随着这种交易的增多，甚至出现了虚拟造币厂。

虚拟货币除了主营公司提供之外，还有一些专门从事"虚拟造币"的人，以专业玩游戏等方式获取虚拟货币，再转卖给其他玩家。这样不仅给虚拟货币本身的价格形成一种泡沫，给发行公司的正常销售造成困扰，同时也为各种网络犯罪提供了销赃和洗钱的平台。

2009年6月28日，文化部、商务部联合下发《关于加强网络游戏虚拟货币管理工作的通知》，明确虚拟货币表现为网络游戏的预付充值卡、预付金额或点数等形式，但不包括游戏活动中获得的游戏道具，虚拟货币不得用以支付、购买实物产品或兑换其他企业的任何产品和服务。

M1与M2：钱是怎么被"创造"出来的

我们先来看它们的学术定义：

M0=流通中的现金=通货发行额-金融机构库存现金

M1（狭义货币）=M0+企业活期存款

M2（广义货币）=M1+准货币（定期存款+居民储蓄存款+其他存款）

M3=我们腰包里的现金+活期存款+定期存款+国库券或者货币市场基金

不难看出，M0、M1、M2，甚至是M3，都是反映货币供应量的指标。在本质上，它们没有多少区别，唯一的重要区别就是流动性，从M0到M2，流动性是逐层递减的。

为了便于理解，我们可以打这样一个比方：

M0=我们腰包里的现金

M1=我们腰包里的现金+银行活期存款

M2=我们腰包里的现金+活期存款+定期存款

在国际上，M1、M2大致的划分标准是：

狭义货币（M1）=流通中的现金+支票存款（以及转账信用卡存款）

广义货币（M2）=M1+储蓄存款（包括活期和定期储蓄存款）

M3=M2+其他短期流动资产（如国库券、银行承兑汇票、商业票据等）

我国对货币层次的划分是：

M0=流通中现金

狭义货币（M1）=M0+企业活期存款+机关团体部队存款+农村存款+个人持有的信用卡类存款

广义货币（M2）=M1+城乡居民储蓄存款+企业存款中具有定期性质的存款+信托类存款+其他存款

M3=M2+金融债券+商业票据+大额可转让定期存单等

其中，M2减M1是准货币，M3是根据金融工具的不断创新而设置的。M1反映经济中的现实购买力；M2不仅反映现实购买力，还反映潜在购买力。如果M1增速过快，则消费和终端市场活跃；如果M2增速过快，则投资和中间市场活跃。中央银行和各商业银行可以据此判定货币政策。M2过高而M1过低，表明投资过热、需求不旺，有危机风险；M1过高M2过低，表明需求强劲、投资不足，有涨价风险。

平时，我们都认为美国人不喜欢储蓄，有钱就爱花。其实这种观点是错误的，美国人也要穿衣、吃饭，也要养老等，这些支付同样需要持有货币存量。那么，为什么美国的储蓄率很低呢？并不是因为人们不储蓄，也不是没有钱，而是这些货币存量不在储蓄项目下，而是在支票项目下，即在M1项目下。所以，同样的M2、M1、M0水准，美国的M体系有大量的具有实际经济学意义的货币。

美国及西方国家设立M系统是为了便于统计和调控印钞数量及观测经济动向。其中支票有大额和一般额度，这才是区分M1和M2的关键。货币总量以M1出现，则消费和终端市场活跃；以M2出现，则投资和中间市场活跃。美联储和各商业银行可以据此判定货币政策。

存款准备金:金融机构存在央行的钱

看新闻时,我们经常会听到这样一句话:"中国人民银行决定(上调)下调金融机构存款准备金率×个百分点……"不少人对"存款准备金"一知半解,只是大概知道,上调存款准备金率,银行可放贷的钱会变少,反之,银行会向外借出更多的钱。

那该如何来准确理解存款准备金率呢?首先来看一下它的严格定义:

存款准备金,也叫法定存款准备金或存储准备金(Deposit reserve),是指金融机构为保证客户提取存款和资金清算需要而准备的在中央银行的存款。中央银行要求的存款准备金占其存款总额的比例就是存款准备金率。中央银行通过调整存款准备金率,可以影响金融机构的信贷扩张能力,从而间接调控货币供应量。

存款准备金率(Deposit-reserve Ratio,简称RDR),是金融机构按规定向中央银行缴纳的存款准备金占其存款的总额的比率。这一部分是一个风险准备金,是不能够用于发放贷款的。这个比例越高,执行的紧缩政策力度越大。

众所周知,商业银行主要业务就是存款、贷款。只有吸收到足够的存款,才能向外贷款。那么为什么每吸纳一笔存款,都必须将其中一部分上交给央行呢?不上交可不可以?

首先,我们假设一种极端的情况,如某商业银行现在有一亿存款,但是贷款需求是两亿,那这家银行可以将一亿资金全部贷出去吗?当然不能。如果全部贷出去的话,储户就无钱可取,所以，商业银行需要留下一定比例的存款，以供储户取走和资金清算。

其次，商业银行作为自负盈亏的法人机构，出于对利润的追求，天然就希望能尽可能多地放贷，就跟实体企业总是希望尽可能多地造出产品一样。只要企业觉得产品不会滞销，就会有动力一直生产，扩大再生产。银行业一样，只要它们自己觉得安全，不会被挤兑，那就有动力一直放贷，循环放贷。

但是，银行自己觉得安全并没有什么用，银行作为一个负外部性十分巨大的法人，管理者潜在具有巨大的道德风险。即：赚了钱是自己的，亏了钱全社会埋单。银行一旦出现问题，很可能会引发金融危机。

所以，国家为了避免银行出现问题，就规定了一个法定的存款准备金率。存款准备金率最早起源于英国，随后美国以立法的形式把其作为一项政策固定下来。按照这个准备金率，强行把一部分钱冻结，国家替你们保管，以防发生挤兑。

利率：资金使用权的价格

不管是从银行贷款买房，还是把钱存到银行，我们首先都会考虑利率是多少？利率高，存钱合适，利率低，借钱似乎更划算。可以说，利率与我们的投资、理财活动息息相关。

利率比较容易理解，它是指借款、存入或借入金额（称为本金总额）中每个期间到期的利息金额与票面价值的比率。借出或借入金额的总利息取决于本金总额、利率、复利频率、借出、存入或借入的时间长度。利率是借款人需向其所借金钱所支付的代价，也是放款人延迟其消费，借给借款人所获得的回报。利率通常以一年期利息与本金的百分比计算。

现代经济中，利率作为资金的价格，不仅受到经济社会中许多因素的制约，而且，利率的变动对整个经济产生重大的影响。所以，现代经济学家在研究利率的决定问题时，特别重视各种变量的关系以及整个经济的平衡问题。

凯恩斯认为储蓄和投资是两个相互依赖的变量，而不是两个独立的变量。在他的理论中，货币供应由中央银行控制，是没有利率弹性的外生变量。此时货币需求就取决于人们心理上的"流动性偏好"。

所有国家都将利率作为宏观经济调控的重要工具之一。利率通常由国家的中央银行控制，如在美国由联邦储备委员会管理，中国则由中国人民银行管理。

通常，当经济过热、通货膨胀上升时，中央银行便会提高利率；

当过热的经济和通货膨胀得到控制时，便会把利率适当地调低。所以，利率是重要的基本经济因素之一。

著名的经济学家费雪第一个揭示了通货膨胀率预期与利率之间的关系，他指出当通货影胀率预期上升时，利率也将上升。如果银行储蓄利率为5%，某人的存款在一年后就多了5%，说明他富了吗？这只是理想情况下的假设。如果当年通货膨胀率3%，那他只富了2%的部分；如果是6%，那他一年前100元能买到的东西现在要106元了，而存了一年的钱现在只有105元，他反而买不起这东西了！这便是费雪效应的通俗解释。

利率除了可以作为调控经济的手段，也可以用来调控货币供求，这也使得利率政策在中央银行货币政策中的地位越来越重要。合理的利率，对发挥社会信用和利率的经济杠杆作用有着重要的意义。特别是在经济萧条时期，降低利息率，扩大货币供应，可以有效刺激经济发展。在膨胀时期，提高利息率，减少货币供应，抑制经济的恶性发展。所以，利率对我们的生活有很大的影响。

除此之外，利率水平对外汇汇率有着非常重要的影响。我们知道，汇率是两个国家的货币之间的相对价格。和其他商品的定价机制一样，它由外汇市场上的供求关系所决定。外汇是一种金融资产，人们持有它，是因为它能带来资本的收益。人们在选择是持有本国货币，还是持有某一种外国货币时，首先也是考虑持有哪一种货币能够给自己带来较大的收益，而各国货币的收益率首先是由其金融市场的利率来衡量的。

某种货币的利率上升，则持有该种货币的利息收益增加，吸引投资者买入该种货币，因此，对该货币有利好支持；如果利率下降，持有该种货币的收益便会减少，该种货币的吸引力也就减弱了。所以，可以说"利率升，货币强；利率跌，货币弱"。

劣币驱逐良币：劣币缘何可以大行其道

"劣币驱逐良币"，由16世纪英国伊丽莎白造铸局局长托马斯·格雷欣提出，也称为"格雷欣现象"。这里的"良币"是指币值或成色高的贵金属货币，"劣币"指低币值货币。

在市场中，如果良币与劣币同时流通，一般，人们会将良币收藏起来而去花劣币，时间久了，市场上会有大量劣币，而良币会逐渐淡出市场。"劣币驱逐良币"另一种说法就是逆向选择，是指由于交易双方信息不对称和市场价格下降产生的劣质品驱逐优质品，进而出现市场交易产品平均质量下降的现象。

在以金银作为交换媒介的古罗马，有些人就常常从钱币上切下一小圈，然后用重量不足的钱来购买物品。但古罗马人都非常精明，大家都抢着储存足值的货币，使用较轻的货币流通，结果流通的货币越来越小、越来越轻，最终将足值的钱币都驱逐出了市场。

纸币取代金银等金属货币后，货币的不足值性更为明显。因为相较于贵金属，纸币明显不足值，也就是它本身就"不值钱"，于是，有人开始质疑格雷欣法则。其实，劣币驱逐良币在纸币时代同样会发生。比如，在香港的货币流通中就曾出现这样一种现象：香港十元面值的货币有两种，纸币和硬币。因为十元硬币比十元纸币容易伪造，而且硬币不方便携带，很容易丢失，所以被视为"劣币"。当一个人口袋里同时有一张十元纸币和一枚十元硬币时，他会优先使用硬币，从而导致香港货币市场上硬币的流通量较纸币高出不少。

更为严重的劣币驱逐良币现象是国家滥用发行权，致使纸币失去其良币价值，成为真正的劣币，最终导致物价飞涨，通货膨胀压垮国家经济，政府失去信用。而且，政府若无法保证纸币的"良币"性质，它也不能被一直使用下去。

有一个非常典型的例子。在民国末期，政府大量发行法币，致使货币飞速贬值，物价猛涨，于是民间又开始流通银圆，商家也拒收法币。为了保证法币的流通，民国政府禁止人民使用银圆，并通过银圆券兑换银圆的方式"没收"银圆。但百姓仍不接受银圆券，许多私人机构开始以大米为薪金，社会退回到了物物交换时代。

即使在当今社会，有些国家也经常会出现一些类似的情况。比如津巴布韦，这个国家一直陷于通货膨胀的痛苦之中。大幅度的通货膨胀使其币值急剧下降，很多人都是"千万富翁""亿万富翁"，却穷得吃不起饭，几千克的钞票甚至都买不到一件衣服。尽管津巴布韦政府不断宣布抹掉纸币上的"零"。但是，政府没有足够的财力随意宣布货币增值，起不到任何作用。2009年，津巴布韦政府不得不宣布津巴布韦币暂时退出市场。

民国末期的法币，以及2009年宣布退出流通的津巴布韦币，这两个典型的例子说明，每一套货币的发行，都是由国家强制人民接受的，虽然付款的一方很乐意使用劣币，但收款的一方却不情愿接受。只有在政府保证收款方接受的劣币能够继续流通的时候，劣币才能得以继续存在。

因此，国家必须以强制力保证货币的价值，保持其良好性，才能保证其有效流通。如果国家随意发行货币，人民就有可能拒绝所谓的法定货币，通过自由选择让货币自发地建立起新规律。

第三章

成本经济学——懂成本，你就是半个经济学家

　　成本是商品经济的价值范畴，是商品价值的组成部分。这个概念看似简单，实则深不可测，它贯穿了整个经济学体系，是其最重要的概念。有人说，学懂成本概念就学懂了经济学的一半。可见搞定这个概念，你也是半个经济学家！

隐性成本：看不见的利润吞噬者

隐性成本是一种隐藏于企业总成本之中、游离于财务审计监督之外的，无法精确计算的成本。它是由于企业或员工的行为而有意或者无意造成的具有一定隐蔽性的将来成本和转移成本，是成本的将来时态和转嫁的成本形态的总和，比如沟通成本、团队磨合成本，这些东西其实很难量化。再如，管理层决策失误带来的巨额成本增加，领导的权威失灵造成的上下不一致，信息和指令失真，工作效率低下，等等。相对于显性成本来说，这些成本具有较强的隐蔽性，并且难以避免。

A君开了一家包子店。他家里有价值150元的面粉，他打算利用该面粉制作包子并出售，于是到菜市场花60元购买了蔬菜与肉做包子馅。结果，他将所做的包子全部售出，销售收入为380元。

在这个例子中，买馅料花费的60元即是显性成本，也就是我们常说的会计成本，即厂商在生产要素市场的实际可见支出。面粉的价值150元即是隐性成本，即厂商拥有的在生产过程中使用的生产要素的价格。那是不是说，A君获得的利润是170元（380-60-150=170元吗）？

当然不是！

因为这种计算方式遗漏了一项非常重要的投入要素，即A君付出的劳动。如果A君在此期间从事其他劳动能获得的最高报酬为

100元，那他做包子时的劳动成本投入为100元。最终，A君获得的利润为380（销售收入）-60（显性成本）-150（面粉的隐成本）-100（劳动的隐性成本）=70元。

上述例子中，100元也为隐性成本。如果A君从事其他替代性劳动所能获得的最高报酬为170元，可得经济利润（超额利润）为零。这时，虽然经济利润为零，但A君获得了正常利润，即自身劳动理应获得的报酬。由此可见，正常利润的名称中虽然包含"利润"二字，但实际上是一项隐性成本，是厂商对自己所提供的企业家才能的报酬。

许多企业，尤其是一些初创的企业，经常只重视显性成本，而不重视隐性成本。比如，有些企业在招聘人员时，会尽可能压低薪资待遇，如此一来，看似为企业"省钱"了，其实，变相增加了企业的成本。首先，这种做法会降低招聘的效率，公司面试了许多人，也花了很多时间，结果给了几个Offer，最后面试者却不愿意来。其次，很难招到理想的人。即使是愿意来的，也大多是职场小白，从前期培训到真正上手，还得花一两个月的时间。虽然工资省了，但是员工招聘、培训的成本都上来了，这都是显著的企业隐性成本。

一些优秀的公司，不但愿意给员工高于行业水准的薪水，合理选择办公地点，而且也会为员工提供良好的福利待遇，比如，有些互联网公司就为员工提供免费的午餐和晚餐，表面上看，公司确实因此会多支出一些显性成本，但是为员工节约了大量外出吃饭的时间，员工每天可以用节省的时间多干点活儿。所以，这笔账很划算，公司可以名利双收。

所以，不管是企业，还是个人，一定做好隐性成本管理，否则，显性成本控制得再好，隐性成本也会如同身体里潜藏的疾病，久治不愈，挥之不去，让你头疼不已。

边际成本：投入与产量的关系

大凡懂得一点财经知识的人，都知道有"边际成本"一说。在经济学和金融学中，边际成本指的是每一单位新增生产的产品（或者购买的产品）带来的总成本的增量。也就是说，边际成本表示当产量增加1个单位时，总成本的增加量（这个总成本包括不变和可变成本）。

这个概念表明，每一单位产品的成本与总产品量有关。随着产量的增加，边际成本会先减少，后增加。当产量非常小时，可以理解为企业的资源与设备没有得到充分利用，因而产量很小，随着企业投入更多的人员、资源进行生产，生产设备的利用率逐渐变大。如果增加的第一个工人对产量的贡献是10，那么增加的第二个工人对产量的贡献可能是15，甚至更高，第三个可能会是30。这对应生产函数曲线的第一个阶梯，即边际产品随着投入的增加而递增，也就是说，增长率不是常数，而是递增的。在这一阶段产量的增加速度超过成本的增加速度，从而边际成本随着产量的增加而减少。

当员工数量达到一定程度时，每增加一个员工虽然会提高生产设备的利用率，但是这个利用率会变得越来越小。在生活中，我们称这种现象为窝工。这对应生产函数的第二个阶梯，即生产函数的斜率逐渐从第一个阶梯时的最大值减少到0，当员工增加到某一程度，再增加一个员工时，这个员工对产量的贡献将会是0，即边际产量为0。在这一阶段时，产量的增加速率从最大值逐渐减小到0，而成本的增加速率大于产量的增加速率，从而边际成本增大。

即从边际成本曲线可以看出它是一条向右上方倾斜的曲线，表示随着产量的增加边际成本递增。如下图所示：

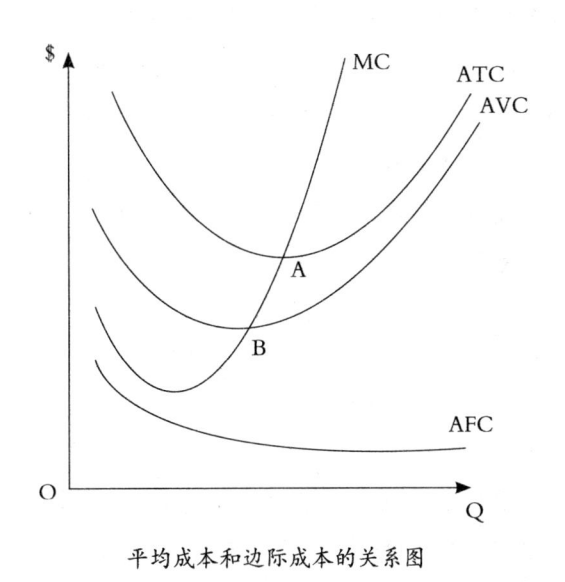

平均成本和边际成本的关系图

上图中，MC表示边际成本，ATC表示平均总成本，AVC表示平均可变成本，AFC为平均不变成本。图中B点为MC与AVC的交点，此点表示当MC=AVC时，AVC曲线开始上升；图中A点为MC与ATC的交点，此点表示当MC=ATC时，ATC曲线开始上升。

通常，边际成本的变动规律与平均成本的变动规律相似，先随产量增加而降低，达到一定规模后开始增加。只不过它达到最低时的产量比平均总成本及平均变动成本的小，在平均总成本与平均变动成本达到最低点时，边际成本等于平均成本。

研究边际成本的目的，是为了发现成本变化的规律，以便配合边际收入，计算边际利润。

当边际收入–边际成本=边际利润>0时，方案可行。

当边际收入–边际成本=边际利润<0时，方案不可行。

特别是在企业生产中，可以用边际成本递增或是递减规律来判断增减产量在经济上是否合算。举个例子：

某企业生产A产品100个单位时，总成本为5 000元，单位产品成本为50元。如果生产101个时，其总成本为5040元，则此时增加一个产品的成本为40元，即边际成本为40元。当实际产量未达到一定限度时，边际成本随产量的扩大而递减；当产量超过一定限度时，边际成本随产量的扩大而递增。因为，当产量超过一定限度时，总固定成本就会递增。

由此可见，影响边际成本的重要因素就是产量超过一定限度（生产能力）后的不断扩大所导致的总固定费用的阶段性增加。当增加一个单位产量所增加的收入高于边际成本时，是合算的；反之，就是不合算的。

因此，任何增加一个单位产量的收入不能低于边际成本，否则一定会出现亏损；只要增加一个产量的收入高于边际成本，即使低于总的平均单位成本，也会增加利润或减少亏损。所以计算边际成本对制订产品决策具有重要的作用。

可变成本：盈亏平衡的重要参考

固定成本与可变成本，是做盈亏平衡点（break even point，简称BEP）分析时，经常使用的概念。固定成本，即不随销量变化的成本，比如设备折旧，以及一些费用的摊销，都属于固定成本。

可变成本（Variable Costs）又称变动成本，是指在总成本中随产量的变化而变动的成本项目，如各种原材料成本、包装成本、运输成本等都属于可变成本。再就是，像计时工资、计件工资，以及加班费等都属于可变成本。比较特殊的是，燃料和能源成本也属于可变成本。

在企业生产经营过程中，短期内平均每生产一单位产品所消耗的可变成本叫作平均可变成本，它是一个重要的生产指标。

下图中，AVC为平均可变成本，AFC为平均不变成本，SAC为短期平均成本。

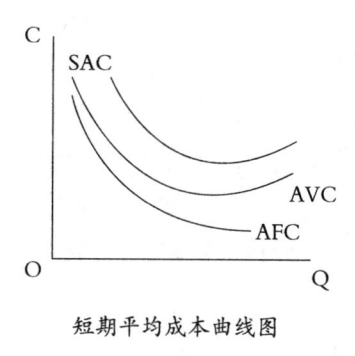

短期平均成本曲线图

平均可变成本变动具有如下规律：

开始，随着产量的增加，平均可变成本减少。当产量达到一定程度后，平均可变成本由于边际产量递减规律而增加。因此平均可变成本曲线是一条先下降而后上升的U形曲线，表明随着产量增加先下降而后上升的变动规律。

下图中，AVC为平均可变成本，MC表示边际成本，TVC为总可变成本。从此图可以看出，平均可变成本AVC曲线形状为U形，表明平均可变成本随产量增加先递减后递增。其成U形的原因也是可变投入要素的边际成本先递减后递增，也即边际生产率先递增后递减的结果。

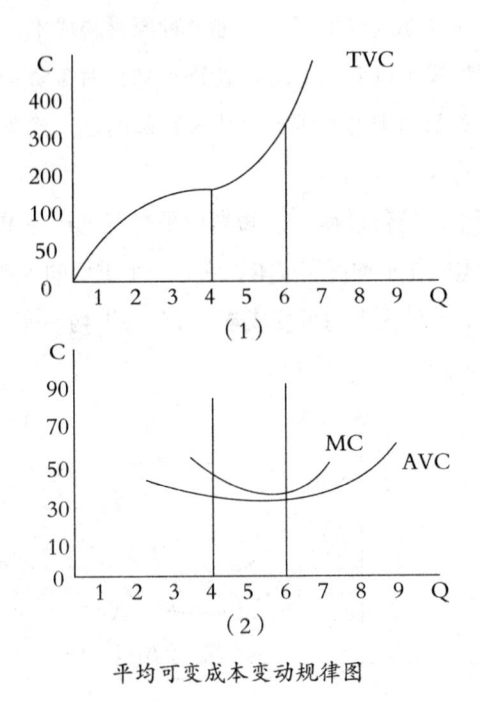

平均可变成本变动规律图

下面来看一个例子：

每年，全球的IT厂商要生产上千万，甚至上亿台个人电脑。因为电脑的结构、生产工艺等非常相似，所以，在激烈的竞争中，企业的盈利能力取决于降低成本的能力。电脑生产中大部分成本是可变的，其成本随每年生产的计算机数量的增加而以一定比例上升。各种配件的成本非常重要，如CPU、内存条、硬盘、其他储存设备、显卡和声卡等。一般来说，一个厂商不可能自己生产所有的设备，绝大多数配件需要从外部供货商那里采购，其数量取决于生产的计算机的数量。

除此之外，还有一个重要的可变成本是劳动力，需要工人将计算机组装起来，包装并负责运输。沉淀成本很少，因为厂房的支出相对于企业每年的销售额来说是一个很小的数额。同样，固定成本也很少，可能仅仅为高层管理人员的工资，一些安保人员的工资和电费。所以，当一些实力雄厚的电脑厂商想要降低成本时，他们会集中采购价格相对较低的配件，或者减少雇用的劳动力数量，这两种方式都可以有效降低可变成本。

通常，为了降低可变成本，可以采取这样一些措施：优化技术措施，合理组织施工，尽可能减少人工、材料、设备的投入，避免窝工损失；合理使用设备，减少设备磨损损失；设法降低人工单价、原材料单价；加强过程管理，减少损耗，降低运营成本；保证产品的一次成优率，加强成品保护，避免可变成本的二次发生等。

重置成本：想换就换为哪般

重置成本又叫现行成本，如果给它一个严格的定义，可以这样描述：重置成本是指按照当前市场条件，重新取得同样一项资产所需支付的现金或现金等价物金额。采用重置成本计量时，资产按照现在购买相同或者相似资产所需支付的现金或者现金等价物的金额计量。负债按照现在偿付该项债务所需支付的现金或现金等价物的金额计量。

重置成本的计算公式为：

被评估资产的价值=重置成本-累积应计损耗=重置成本-有形损耗-无形损耗

无形损耗=功能性损耗+经济性损耗

重置成本是现在时点的成本，它强调站在企业主体角度，以投入到某项资产上的价值作为重置成本。在现实中，重置成本多用于盘盈固定资产的计量等。比如，企业在年度财产清查时，发现有一台没有入账的全新设备，同类固定资产的市场价格为5万元，则企业对这台设备按重置成本计价为5万元。

对企业来说，重置成本除了用于计算有形资产以及债务等，还可以用于计算一些无形的成本。

有一家企业，经营效益不怎么好，老板所能想到的最好的解决方法就是：裁员。于是，他一边让人事部门着手裁员，一边希望企业能培养新人。虽然，这种方法可以解一时之急，但是却隐藏着非常大的隐患。一个月后，人力资源重置成本便显现出来了。

这让老板叫苦不迭。

那么，这家企业的人力重置成本都包括什么呢？主要有这么几项：

（1）离职补偿费用

离职补偿费用是指支付给离职者的工资和离职补偿金。这种费用的额度视企业的具体情况、工作惯例以及企业与员工之间的历史协议而定。这家企业辞退了10名员工，按照《劳动法》的相关规定，企业为此支付了三十多万元的补偿费用。

（2）离职管理费用

员工离职过程中，会产生一定的管理费用。其数额可视企业的劳动人事管理程序和规章制度的繁简程度而定。在离职过程中，有关劳动人事管理人员都会与离职者进行面谈。其面谈成本可用下列公式进行核算：

面谈成本=（管理人员平均工资+离职人员平均工资）×每人面谈所需时间×离职人数

另外，其他与离职有关的管理活动，如从员工资料档案和工资单中删除离职人员的资料，收回离职员工手中掌握的企业资产、资料等，也会发生一些费用。这些费用可用下列公式进行核算：

与离职有关的管理活动费用=各部门对每位离职者的管理活动所需时间×有关部门职员的平均工资×离职人数

（3）离职前的效率损失

离职前的效率损失是指一个员工在离开某一单位前，由于原有的生产效率受到损失而造成的成本。在离职前，离职人员一般会处于不稳定状态，他们的业绩会呈下降趋势，这就导致他们在离职前与正常工作期间的业绩有很大差别，这种差别就产生了离职成本。在许多情况下要计量每个人的业绩成本可能是困难的，但在实际工作中可以应用各类人员的历史业绩记录来计算，公式如下：

业绩差别成本=正常时间平均业绩-离职前一段时间内平均业绩

经粗略估计，该企业在这方面的损失超过10万元，而且，还因此损失了几个重要客户。

（4）空职成本

空职成本，是指企业在物色或招聘到离职者的替代人员之前，由于某一岗位出现空缺，可能会使某项工作或任务的完成受到不良影响，由此而引起的一种间接成本。出现空职不但会影响该职位直接管理的工作，而且会影响与这项工作紧密联系的其他工作的成绩。

当然，重置成本不都带来负面影响，与原始成本属性比较，重置成本具有以下几个优点：

首先，重置成本表示企业现在获得该资产或劳务须支付的数额。客观上它是现行投入价值的最佳计量。用它与现行收入配比计算利润富有意义。

其次，以现行重置成本与现行收入相配比，可以将资产持有损益与营业损益区分开来，提供有意义的会计信息。

再次，如果要持续取得这种资产，现行重置成本就表示资产对企业的价值。

另外，以各项资产现行重置成本相加的总额，比以不同时期所发生的历史成本相加的总额更富有意义。

重置成本属性的一大缺点是缺乏客观性。由于在不同重置成本计量日期所销售的商品，其价格可能不同，加之销售条件的变化，所以，在重置成本数额确定过程中，不可避免地会带有一些主观因素。

交易成本：老人买菜为什么爱讲价

交易成本又称交易费用，最早由美国经济学家罗纳德·科斯提出。他认为交易成本是通过价格机制产生的，最明显的成本就是所有发现相对价格的成本，市场上发生的每一笔交易的谈判和签约费用，以及利用价格机制存在的其他方面的成本。

古时候，有个人想要到集市上去买双鞋。于是早上起来，他就在家里测量了一下自己的脚，把量好的尺码放在了床上。到了集市，当他拿起鞋子的时候，才发现自己没有带尺码，于是回家去取量好的尺码。

等他再返回集市的时候，集市已经散了，最终没有买到鞋。有人问他说："你为什么不用你的脚试鞋呢？"他说："我宁可相信量好的尺码，也不相信自己的脚啊。"

在这则故事中，这个人之所以没有买到鞋，不是没有钱，也不是市场上没有鞋卖，而是他为了达成这次交易，付出的成本太高了。他在集市与家之间往返两趟，浪费了大量的时间和精力。用经济学的话来说，他的交易成本有些高。

交易成本分为广义交易成本和狭义交易成本两种。广义交易成本即为了冲破一切阻碍，达成交易所需要的有形及无形的成本。狭义交易成本是指市场交易成本，即外生交易成本。包括搜索费用、谈判费用以及履约费用。总之，交易成本可以分为以下几种：

搜寻成本：商品信息与交易对象信息的搜集，在琳琅满目的商品种类中找到自己所需要的，必定要付出一定的时间或精力，这就是搜寻成本。

信息成本：取得交易对象信息和与交易对象进行信息交换所需的成本，这就是信息成本。

谈判成本：针对契约、价格、品质讨价还价的成本，在讨价还价中，所耽误的时间应计算在内。

决策成本：进行相关决策与签订契约所需的内部成本。

在现实生活中，每个人为了达成自己的交易行为，都要以不同的形式支付交易成本。如果你喜欢喝酒，明知楼下便利店售卖的某种酒价格要比大型超市贵三块钱，你还是会经常在便利店买。你多花的这三块钱，就是你支付的交易成本。

对此，我们可以做一个简单的分析：在便利店里买酒，虽然贵三块钱，但你不出小区的大门就能买到酒。如果去大型超市，你需要乘车，或者步行走十几分钟，甚至更长时间，其中所消耗的时间是你并不愿意支付的。多花三块钱，为自己节省了时间和精力。你经过得失衡量，觉得在便利店买更划算。也就是说，楼下便利店在定价的时候，已经将顾客的交易成本算进去了。

交易成本是人与人之间交易时所必需的成本。对于不同的人来说，其自身的交易成本是不同的。在菜市场上可以看到不少老人与菜贩为两毛钱而讨价还价。这是因为老人赋闲在家，有大把的时间用来遛弯、买菜、逛街，她们不在乎多花10分钟，或是半个小时去做一件事情。如果经讨价还价，可以省下几毛或几块钱，便会降低自己买菜的成本。如此，她们付出时间与精力，节省了买菜的钱，这恰恰都是交易成本。如果换作年轻人，可能更在乎时间，而不在乎几毛钱。总之，你为了降低一种交易成本，必然要付出另一种交易成本。

机会成本：鱼和熊掌不能兼得

机会成本又称"选择成本"，是指做出一个选择后所丧失的不做该选择可能获得的最大利益。也就是说，为了得到一种东西而必须放弃另一种东西。

萨缪尔森在其《经济学》中曾用热狗公司的事例来说明机会成本的概念。

热狗公司所有者每周投入60小时，但不领取工资。到年末结算时公司获得了22000美元的可观利润。但是如果这些所有者能够找到其他收入更高的工作，那他们所获得的年收入将达45000美元。如此一来，这些人所从事的热狗工作就会产生一种机会成本，即他们因从事了热狗工作而不得不失去可能获利的其他机会。

对于这件事，经济学给出的解释是：如果用他们实际赢利的22000美元减去他们失去的45000美元的机会收益，那他们实际上是亏损的，亏损额是45000-22000=23000美元。

在生活中，有些机会成本可用货币来衡量。例如，农民在获得更多土地时，如果选择养猪就不能选择养鸡，养猪的机会成本就是放弃养鸡的收益。但有些机会成本无法用货币衡量，例如，在图书馆看书学习还是享受电视剧带来的快乐之间进行选择。

这里的机会成本，并不是指会计学意义上的成本，而是一个纯粹的经济学概念。要想对备选方案的经济效益做出正确的判断与评价，必须在做决策前进行分析，将已放弃的方案可能获得的潜在收益作为被选取方案的机会成本计算在内。

举个例子：

如果你赢得了一张当红巨星演唱会的免费门票。注意，你不能转售，也就是说，你要么去现场观看，要么就留作纪念。同时，还有另一位巨星今晚也要开演唱会，你也非常想去看。这位巨星的演唱会门票价格为1000元，你能承受的心理价位是1200元。换言之，如果这位巨星演唱会的票价高过1200元，你就不情愿看了。那么，你去看那位当红巨星演唱会的机会成本是多少呢？

去前一位巨星的演唱会，就等于放弃去后一位巨星的演唱会。不去后一位巨星的演唱会，你会错失对你来说价值1200元的表演，但同时你也省下了需支付的1000元。所以，不去后一位巨星的演唱会，付出的机会成本是1200-1000 =200元。如果觉得前一位巨星的演唱会至少值200元，就应该去看。

在现实生活中，每个人时时刻刻都在进行选择。比如：是和朋友喝酒还是到野外游玩；是在网上购买电器还是到线下商店购买；是买秋天的款式还是买春天的款式；是与张三探讨这个问题还是与李四交流这个问题……这些选择在生活中司空见惯，所以人们在做出相关的选择时，会显得很随意。

许多时候，做出选择并不是一件容易的事，其根源在于在资源有限的情况下，有所得必有所失。鱼和熊掌不能兼得时，选择吃鱼，就不能吃熊掌，熊掌就是选择吃鱼的机会成本。经济学家常说世界上没有免费的午餐，就是指任何选择行为都有机会成本。

时间成本：时间不值钱？是人不值钱

许多时候，看一件事情值不值得做，不只要看需要付出多少金钱成本，也要看它的时间成本。做一个简单的解释，同样是一个小时，你做自己擅长的事，可以赚40元钱，但你却打游戏了，少挣了40元，那么这40元就是你的时间成本。

在经济学中，时间成本又叫"货币时间价值"，是指一定量资金在不同时点上的价值量产差额。

这里，时间成本反映的是，由于时间因素的作用而使现在的一笔资金高于将来某个时期的同等数量的资金的差额，或者资金随时间推延所具有的增值能力。资金的循环和周转，以及因此实现的货币增值，需要或多或少的时间，每完成一次循环，货币就增加一定数额，周转的次数越多，增值额也越大。所以，随着时间的延续，货币总量在循环和周转中按几何级数增大，使得货币具有时间价值。

由于货币时间价值是客观存在的，因此，在企业的各项经营活动中，就应充分考虑到货币时间价值。如果货币闲置不用，是不会产生时间价值的，同样，一个企业在经过一段时间的发展后，会赚得比原始投资额要多的资金，闲置的资金不会增值，而且还可能随着通货膨胀贬值，所以企业要利用好这笔资金，就必须找一个好的投资项目将资金投进去，让它进入生产流通中，发生增值。这即是在考虑资金的时间成本。

那时间到底值多少钱？每一个人都有自己的答案。对普通的工薪阶层来说，时间或许真的不值钱，如果一个月工资是5000元，他会算：一个月工作25天，每天八小时，那一小时就是25块啦，大概能买二斤猪肉，或是一条鱼吧。所以，他们浪费了一个小时，也不会太过自责：就等于少吃一条鱼，吃咸菜也可以将就一下嘛，一顿饭而已。对于精英阶层，他的一小时可能值500元，或是1000元，抑或更多。而对老板来说，可能就不是钱的问题，而是关乎企业的生死。所以，不同的人，对时间成本有不同的理解。

试想下面的情况，一家企业一年的利润是1000万元，如果老板把自己的主要精力都花在公司如何发展上，可能他第二年的利润是2000万元。而当他整天纠缠于一些鸡毛蒜皮的小事，没有精力去开发新客户，提升企业管理，可能第二年企业的利润是1100万元，这样，他这一年损失的时间成本就是900万元，平均到每一天大约是25000元。对这样的企业来说，老板每天的时间成本都是以万计的。

所以说，时间就是金钱，时间就是生命。有时间成本观念的人，不但善于节约时间成本，也善于将外来的时间成本变成自己的财富，这种外来的时间成本和自己的时间成本往往不是简单相加的关系，而是一种乘积关系。

沉没成本：要掌控住，但不能死磕

诺贝尔经济学奖得主斯蒂格利茨教授曾说，普通人常常不计算"机会成本"，而经济学家则往往忽略"沉没成本"。他在《经济学》一书中说："如果一项开支已经付出并且不管做出何种选择都不能收回，一个理性的人就会忽略它。这类支出称为沉没成本。"随后，他举了个例子：

如果现在你已经花70元买了一张电影票，你对这场电影是否值70元表示怀疑。看了半小时后，你觉得这部电影简直糟糕透了。你应该离开电影院吗？在做这一决定时，你应该忽视这70元。这70元是沉没成本，不管是去是留，钱都已经花出去了。

从斯蒂格利茨的描述中可以看出，人们在决定是否去做一件事情的时候，不仅是看这件事对自己有没有好处，而且也看过去是不是已经在这件事情上有过投入。我们把这些已经发生不可收回的支出，如时间、金钱、精力等称为"沉没成本"。也就是说，沉没成本是指由于过去的决策已经发生了的，而不能由现在或将来的任何决策改变的成本。沉没成本常用来和可变成本做比较，可变成本可以被改变，而沉没成本则不能被改变。

很多年前，有一位老人到城里看望儿子。儿子给他买了不少东西，其中有一双鞋子他非常喜欢。在回乡的火车上，他从包里拿出这双鞋，看了又看，摸了又摸，并得意地告诉邻座的人，这是他儿子孝顺他的礼物。忽然，老人的手一松，有一只鞋子掉到了窗外。

邻座的旅客一时间一片肃静，大家都看得出老人非常喜欢这双鞋子，但是……让所有人都感到意外的是，老人将另一只鞋也拿起来，用力扔到窗外。

身边的人大为不解，问他为什么要把另一只鞋也丢掉，老人说：这只鞋子对我来说已经没有用了，但如果一个人正好从铁路旁经过，他就可以得到一双鞋，而不是一只鞋。众人恍然大悟。

在这个故事中，老人非常喜欢那双鞋，但是不小心掉到火车窗外一只，留下的一只对他来说没有什么意义。所以，他在丢另一只鞋的时候，就不再考虑这双鞋的价值了。因为留一只鞋，和一只不留，二者的沉没成本是一样的，把另一只丢出去，说不定还能让别人捡到一双鞋，何乐而不为？

在现实生活中，我们该如何使用沉没成本来做选择呢？

首先，需要准确评估沉没成本。比如，花了三个月的时间去学习，学到的知识对自己的能力有所提升，但这个花掉了的时间和学费，则应该算作沉没成本。你通过学习增值了可以为你带来更多的机会和收入，并不能改变过去已经支出的部分。

其次，不要考虑已经发生的沉没成本，要更多地考虑机会成本。我们的生活和工作都需要向前看，已经发生的事情是没有办法改变的。比如，你丢了100元钱，是否要再花100元打车并付出很多时间去寻找那丢失的100元呢？相信绝大部分人都不会这样做，但换作其他不直接涉及金钱的事情，则很多人都会去干这样的蠢事。

让过去过去，让未来到来。这是对沉没成本最好的诠释。做一件事情时，不要让已经发生的沉没成本成为我们前行的羁绊，一切向前看，学会忽略沉没成本，专注于未来的成本和收益。

第四章

市场经济学——市场是围绕需求转动的

美国著名经济学家萨缪尔森曾经说过：你只要教会鹦鹉供求关系，它就能变成经济学家。在他看来，学习经济学是一件再简单不过的事了。你只要掌握两件事，一个叫供给，一个叫需求。探求供给与需求背后的规律，可以让你更好地理解经济生活中的热点现象。

买方市场：供大于求，买方居主导地位

"买方市场"是一个我们经常听到的比较专业的经济学术语，它是指在商品供过于求的条件下，买方掌握着市场交易主动权的一种市场形态。简单来说，就是供应大，市场需求少，买家处于相对优势的地位。比如，有些人经常说："这年头生意难做，竞争也激烈啊。"其实，就是说他做的这个行业属于买方市场。

在市场经济中，买方市场是一种常态。这是因为，在供过于求出现后，市场机制的作用总会使供求大致平衡，从而买方在市场上经常处于主导地位。由于商品生产者在内在利益的驱动下，会不断扩大生产，于是，商品的供应总是不断增加的。所以买方市场并不是在生产过剩的基础上出现的，买方市场也不会带来生产过剩。

在买方市场中，商品供给过剩，卖方之间竞相抛售，价格呈下降趋势，买方在交易上处于主动地位，有任意选择商品的主动权。买方市场意味着，商品交换中买卖双方之间的平等关系，由于商品的供大于求而被打破。

但就不同的行业来说，有的行业处于买方市场，有的处于卖方市场，而且买方市场与卖方市场会进行转换。最明显的一个例子就是房地产市场，房地产市场火热的时候，一房难求，经常看到，某个楼盘开盘时，人们会带着被子连夜等着排号。房地产市场比较低迷的时候，不但许多中介公司会倒闭，而且房子会进行打折销售，这时人们选择的机会较多，但迟迟不肯下手。

总的来说，买方市场对消费者更有利，卖家之间的竞争更激烈，但这并不是说，在买方市场中生意难做。对于卖方来说，在买方市场中做生意，不但要提升自己的产品与服务水平，更要注意消费者的心理。

传统观点认为，买商品时的选择越多越好，其实，专家对市场进行研究后发现，随着选择的增加，买家从购买中获得的效用其实并没有得到明显的提高。相反，随着选择的增加，人们感觉自己做出错误决定的风险越来越大，以至于不愿做出决定。研究人员曾在美国的一个超市里做过一个有趣的实验：

他们设置了两个销售果酱的摊位，一个出售6种口味的果酱，另一个则有24种口味。虽然有24种口味的摊位会吸引不少顾客，但是销售结果让人感到意外，6种口味的摊位的实际销售量要远远超过24种口味的摊位。

对此，心理学家给出的解释是，人们消费的满意度会随着选择的增加而降低，且不能产生良好的购物体验。相对于有限的选择，或是别无选择，我们更倾向于自由地选择。但是，选择的机会太多，我们又不可避免地会产生纠结。

一般来说，一种型号的产品提供3种选择就已经足够了，而不管卖什么，如果提供的选择太多，比如超过7种以上，就会让人难以取舍。在过多的选择面前，即使再理性的消费者，也会担心自己可能做出错误的选择。

总的来说，买方市场对于消费者来说是一个好事。但是，对消费者来说真正买得起、用得着的买方市场才是最符合消费者的，也是最为有用的买方市场。

卖方市场：供不应求，价格卖家说了算

有买方市场，就是卖方市场，这两种市场是对称的，而且经常会相互转化。那什么是卖方市场呢？卖方市场是指供给小于需求、商品价格有上涨趋势，卖方在交易上处于有利地位的市场。

在卖方市场中，商品供给的数量有限，不能有效满足市场的需求，即使商品质量较低，也不愁销路，而且紧俏的商品价格会一路上涨。这个时候，买方没有议价的能力，要么被动地接受高昂的价格，要么放弃。而卖方只关心产品的数量，很少会想着去提升产品的品质，因为数量意味着利润。

所以说，在卖方市场，卖方在交易中处于主动地位。卖方市场的存在，意味着商品交换中买卖双方之间的平等关系，已被商品的供不应求打破。

有时，卖方市场会阶段性出现，这主要是因为在现行的价格水平下，某类商品的供给突然小于需求，如因为自然灾害、战争等因素导致商品短缺。这时，商品价格会一路上涨，直到供求关系在某个价格水平上重新达到平衡为止。

在卖方市场下，作为消费者的一方会处于怎样的位置呢？

很显然，在卖方市场上消费者处于非常被动的位置。特别是一些垄断行业，消费者更是如此。在认为自己遇到不公平待遇，或是遭遇价格欺诈后，消费者也别无选择。比如，高端的汽车发动机、家用及商用电脑CPU，以及Windows操作系统，等等，都被一些顶级的高科技企业所垄断，属于绝对的卖方市场。不论是一

些汽车生产商，或是IT厂商，还是个人消费者，要使用这些商品，就要接受对方提出的"合理"价格，否则没的选择。

所以，作为一个完整的市场，消费者、生产者和商品缺一不可。虽然，在卖方市场下，商品生产者掌握着市场的主动，不用担心商品会卖不出去，或是卖不出好价钱，但是，如果不注重产品品质与服务的提升，还是会被消费者遗弃，或是被竞争对手赶超。现实生活中，这样的例子很常见。

比如，在商品短缺的年代，到处都是国营商店，但是这些商店普遍存在一个问题，就是服务态度难以让人满意，而且店员的积极性较差。之所以会出现这种情况，是因为态度不好，商品不好，照样可以卖，而且商店赚多赚少，甚至赔钱都与自己没什么关系，自己只是在"上班"而已，每个月有稳定的工资拿就可以了。后来，私营商店越来越多，直至出现大型的连锁超市，到这里购物，不但体验好，而且选择多，店员的服务态度也非常好。所以，几乎一夜之间，国营商店从人们的视野中消失了。

从中不难看到，这不只是服务态度、商品品质的问题，更是因为卖方市场向买方市场的转变。所以说，市场总是在变化，特别是新科技、新观念、新业态等，不但会开发一个新市场，而且也会让一个行业瞬间由卖方市场变为买方市场，或者变为没市场。

需求弹性：价格下降，需求量增加

A大学毕业后，没有像其他同学一样去找工作，而是在县城一家商城里租了一个门面，开了一家服装店。他从批发市场进货回来后，准备大干一场。但是，新店开业一个星期了，也没有卖出几件衣服，虽然衣服都是非常时尚的款式，而且比别的商家卖的更便宜。这让A寝食难安。

后来，有位高手给了A一些指点："你做一块大广告牌，再配上音响。把卖50元的服装标200元。"他照着做了，果然收到奇效，而且，顾客越来越多，服装销量不断攀升。

价钱低卖不出去，价钱高了反倒吸引消费者，这使A百思不得其解。为什么同样的衣服既可以定价为200元，又可以定价为50元呢？为了解释这一问题，经济学家用了"弹性"的概念。

需求规律表明，一种物品的价格下降使需求量增加，需求价格弹性衡量需求量对其价格变动的反应程度。如果一种物品的需求量对价格变动的反应大，可以说这种物品的需求是富有弹性的。反之，需求是缺乏弹性的。用公式可以表达为：

需求价格弹性=需求量变动的百分比/价格变动的百分比

当弹性大于1时，需求是富有弹性的；弹性小于1时，需求是缺乏弹性的；弹性等于1时，需求是单一弹性的；弹性等于0时，需求完全没有弹性。在我们的现实生活中，有很多商品是缺乏弹性的，比如粮食。如今，商品打折已经成了一种风气，无论大街小巷，总会看到"大甩卖""跳楼价""大放血"等字样。但我们很少看到粮食等商品打折销售，缺乏弹性是其主要原因。

第四章 市场经济学——市场是围绕需求转动的

在商业活动中，对于需求富有弹性的商品可以实行低定价或采用降价策略，这就是薄利多销。"薄利"是价格低，每一单位产品利润少，但销量大，总的利润也就不少。所以，降价策略适用于这类物品。

2018年天猫"双11"的成交总额创历史新高，突破2135亿，许多商家赚得盆满钵满。商家在促销活动中喊出的"超低价""跳楼价"，甚至给出了吓人的折扣，看似卖得越多赔得越多。所谓的折扣，只是用来迷惑消费者的烟幕弹。在促销活动中，商家惯用的策略是，将原来商品的价格提高一倍，甚至更多之后，再标上"打五折"，或者"打三折"，明降暗升，从中谋取丰厚利润。

走在大街上，随处可见的是商家的促销"招牌"——"满500送500""买一送一"，使尽浑身解数，用心良苦地要把每一位走到门前的人都吸引进去。

商家真的甘愿当智力障碍者，做赔本的买卖吗？商人天生就以盈利为目的，又怎么会让利于广大消费者呢？其实道理很简单，商家先用"打折""甩卖"等烟幕弹来迷惑消费者，然后再将商品的标价提高一倍甚至更多，最后再打出"五折"的广告。

商家的这招之所以管用，是因为，不只产品的价格有弹性，而且顾客的需求也是有弹性的：喜欢这件商品就买，不喜欢就不买；觉得价格合适，捡了便宜，就会买，否则，就不会买。一件物品的价格弹性与消费者的喜好，是决定其需求弹性的重要因素。

一般来说，必需品倾向于需求缺乏弹性，而奢侈品倾向于需求富有弹性。例如，馒头的价格上升时，尽管人们会考虑要不要买面粉自己蒸，但是不会明显地减少吃馒头的次数。同理，小麦、大米这些生活必需品的需求量并不会因为价格的变动而发生大的改变。

与此相反，当游艇价格上升时，游艇需求量会大幅度减少，原因是大多数人把小麦、大米作为必需品，而把游艇作为奢侈品。

了解了需求弹性，可以帮助我们更理性、客观地看待日常生活中的一些经济现象。

供给侧改革：馒头不好卖，就卖包子

在不少人眼中，"供给侧改革"是很"学术范儿"的经济学名词，尤其是当"供给侧"频频出于一些专业人士之口，或是成为一些财经节目的高频词，更让它显得高级。

供给侧，即供给方面。国民经济的平稳发展取决于经济中需求和供给的相对平衡。如果想弄清楚供给侧，应先了解供给。经济学中的供给是指生产者在某一特定时期内，在某一价格水平上愿意并且能够提供的一定数量的商品或劳务。

所谓供给侧改革，就是从供给、生产端入手，通过解除供给约束，积极进行供给干预促进经济发展。这种改革具体而言，一方面将发展方向锁定为新兴领域、创新领域，创造新的经济增长点，另一方面也要求改革现在的一些抑制供给的体制或政策，比如缩紧的货币政策和烦琐的审批制度等。

相信大家都听过"需求侧"，也就是我们常说的"三驾马车"：消费、投资、出口。"供给侧"刚好与"需求侧"对应，"供给侧"涵盖了劳动力、土地、资本和创新四大要素。

例如，隔壁老王本来是个卖鸡蛋的，后来城里每家都买了他的鸡蛋，市场饱和，需求不足，他想扩大经营规模，挣更多的钱，当然不行了。有一天，老王突然有了一个主意：不能再在鸡蛋上做文章了，与其想着卖更多的鸡蛋，不如想想还有什么生意比卖鸡蛋更赚钱，这就是供给侧改革。

第四章 市场经济学——市场是围绕需求转动的

小张从公司辞职后，开了一家馒头店。刚开始，他的馒头卖不出去。于是，他开始从需求侧做文章，有意推销自家的花卷，并且做起了外卖，虽然有一定的销量，但是利润空间不大。于是，他又一次将目光转到了供给侧：为什么不做包子呢？于是，他又多了一个产品——肉包子。包子做出来了，但是销量有限，而且大多数人买过一次，就不会再买了。

小张想，是不是不好吃，配方不对？于是不断改进配方，结果销量越来越好。后来，他又做起了素包子，品种越来越多。

最后，他还玩起了定制。随着生意越做越火，规模也越来越大。

问及他成功的原因，他说："不但要多了解顾客的需求，也要学会开发顾客的需求。"

可以说，这是一个靠供给侧"改革"成功的范例。许多时候，生意之所以难做，不是下的功夫不到位，也不是价格没有优势，而是没有做适销对路的产品。许多时候，满足消费者的需求，可以让你有生意可做，但是要做好生意，必须要学会引导、开发消费者的需求。

在现实生活中，我们经常会看到一些企业经济效益下滑，做什么都不赚钱，就是因为企业向社会输送的产品有问题，这里的问题不是质量问题，而是不具有创新性，不能开发新的市场。比如，有些夕阳产业就是这样，它们之所以会被逐渐淘汰，就是因为它们满足不了消费者新的需求，这样的企业要想起死回生，一定要进行供给侧改革。

小到一家企业，大到一个国家，都是如此。一旦供给侧与需求侧的问题解决了，只需要疏通一下中间段，便可以打通供给与需求两侧。

通货膨胀：市场经济的晴雨表

从字面上来理解"通货膨胀"的话，"通货"是"流通中的货币"的简称，"通货膨胀"指的就是货币供给大于货币需求，从而导致货币贬值的情况。简单来说，可以将这种现象归结为"货币贬值""物价上涨"这两个词。

不少家庭主妇有这样的经历：

快要到晚饭时间了，自己已经张罗好了两道菜，而且电饭锅也煲好了一家三口的米饭。这时，家里突然来了两位亲戚。菜不够，还好解决，再下厨炒一两个，可是米饭不够了，又没有其他主食，怎么办？

这时，聪明的主妇会想道：要不要往电饭煲里再加一碗水？这样，同样的米便可多煮出一碗饭来。原理很简单：米会膨胀。其实，米还是那些米，只是因为多加了水，煮出的饭看上去更多了。

通货膨胀也是这个道理，只不过把钱换成水，把米换成商品。简单理解就是，在商品供给保持不变的情况下，流通的钱更多了，所以商品价格会快速上涨，同样的钱买到的东西变少了。也就是说，你面对的商品和服务是一样的，可它却变得特别贵了。而相应的，你所拿的工资也许看起来特别多，但实际上能买的东西却还是相同的，甚至更少。

当商品流通中所需要的金银货币量不变，而纸币发行量超过了金银货币量的一倍时，单位纸币就只能代表单位金银货币价值量的一半。在这种情况下，如果用纸币来计量物价，物价就上涨了一倍，这就是通常所说的货币贬值。此时，流通中的纸币量比流通中所需要的金银货币量增加了一倍，这就是通货膨胀。

以货币总量计算消费品总需求量时，当货币总量提高时，它所计量的总开销与消费品总需求量也提高。所以，通货膨胀的最根本原因是货币供给量多于需求量，也就是钱太多了。

当然，经济学的不同学派对通货膨胀的起因有不同的解释。除了广为人知的"通货膨胀是由于货币供给率高于经济规模增长"这种解释外，还有一些其他的说法。

根据凯恩斯的AS-AD模型（见下图所示），我们将通货膨胀的类型分为3类：恶性通货膨胀、需求拉上型通货膨胀、成本推进型通货膨胀。

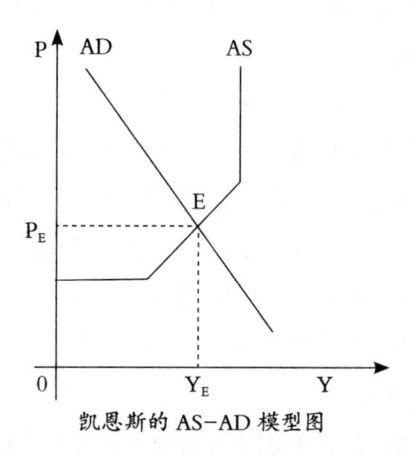

凯恩斯的 AS-AD 模型图

AS-AD模型是研究通货膨胀时期的总供给与总需求的模型。在上图中，AD为总需求，AS为总供给，P为价格，Y为国民收入。

1.恶性通货膨胀

这类通货膨胀主要源于政府大量印钞滥发货币，造成供给量远超需求量，货币迅速贬值。

2. 需求拉上型通货膨胀

此类通货膨胀源于需求数量相对供给数量的增加。假设供给不变，需求增加，供不应求，进入卖方市场，物价上升，通货膨胀出现。比如，有一套房子，本来只有一个买家，现在有五个人要买，需求增加了，在供给只有一套的情况下，价格必然会提高。

3. 成本推进型通货膨胀

此类通货膨胀源于生产成本上涨。生产成本上涨，同样数量的生产要素可生产的产品数量减少，供给因而减少。假设需求不变，供给减少，供不应求，进入卖方市场，物价上升，通货膨胀出现。这个很好理解，比如油价突然提高时，会引起运输费用上涨，进而会拉高整体的物价。

在谈到通货膨胀时，不可避免地会谈到通货膨胀率，那什么是通货膨胀率呢？通货膨胀率其实是名义利率与实际利率之差。名义利率，是在银行看到的利率，实际利率是资金实际增值的幅度。在有通货膨胀的情况下，实际利率小于名义利率，即，在货币数目增加的情况下，单位货币的价格下跌了，货币出现了贬值。名义利率、实际利率、通货膨胀率之间的关系如下：

名义利率 ≈ 实际利率 + 通货膨胀率

在名义利率不变的情况下，通货膨胀率上升，实际借款人承担的利率就会下降。

了解了这些之后，我们更容易理解生活中的通货膨胀，并知道它发展到什么程度了。比如，你向朋友借了一万元，发生通货膨胀后，虽然你还是按当初的约定付给对方利息，但这时的钱已贬值。作为债务人，你其实已经受益了，而债权人会受损。

第五章

职场经济学——到底谁赚走了你的薪水

古语说:"一命二运三风水,四积功德五读书,六名七相八敬神,九结贵人十养生。"除了一、二、三比较玄,从四到十都有职场经济学上的完美解释。混得好不好,不但与天时、地利、人和有关,更与你是否理解、把握了职场经济学有关。

按劳分配：涨薪靠功劳，不靠苦劳

小周在一家装配企业工作。工作比较简单、枯燥，不需要什么技能。干了半年后，他觉得老板应该给自己涨一下工资了。于是，他和工友们商量：一起去和老板谈判，不涨工资就罢工。因为公司刚接了一笔订单，需要按时交货，老板不得不做出妥协，同意大幅提高工人工资。

工资虽然提高了，但是老板很清楚：如此高的工资，公司是无法生存下去的。加薪后的第五天，老板就飞往某地考察，他发现当地工资水平较低，且当地政府也在大力招商引资。于是，在人力成本和土地成本的双重压力下，老板决定将工厂迁往那里。

很快，小周和工友们就接到通知，公司要整体搬迁，愿意跟着走的需要重新签合同，工资水平比照迁入地的水平（相当于砍了一半）。不愿意走的，拿一个月的工资，自谋出路。小周很纠结：走吧，工资低了，不走吧，又找不到更合适的工作。老板对他说："你如果想提高工资，那就去找别的公司吧。"无奈，小周只好离开公司。后来，他面试了好几家公司，工资都与自己罢工前差不多。

小周的经历许多人都曾遇到过：工作很累很辛苦，工资却不理想，想赚更多的钱，就要付出更多的劳动。所以，他们经常会羡慕那些拿高薪的人，并且非常不解：他们付出那么少，凭什么比我赚得多？！

这种看似的不公平，其实体现了一个经济学问题：按劳分配。

从亚当·斯密到李嘉图，再到马克思，都阐述过这种劳动价值论，即价值的分配应依劳动支出的多少而定。意思是，付出的越多，收入会越多，一份付出一份收获，是非常公平的价值分配理论。但是，在现实生活中，人们除了劳动，还有其他的收入，比如房租的收入、银行的利息、投资股票的股息等。这些都是劳动之外的收入，而且这是一种很普遍的现象。

经济理论认为，劳动、资本、自然资源是产生价值的三大要素。这并不是说资本和自然资源会自动创造出价值来，而是说，有了资本和良好的自然资源，可以帮助劳动创造出更多的价值。这一部分额外的价值不能归功于劳动，而应归功于资本和资源，只有这样，人们才会努力积累资本，改进资源的可利用程度，并从中得到非劳动报酬。

在现实生活中，绝大多数人以劳动报酬为生，或主要依靠劳动收入。当然，劳动也分体力与脑力劳动，以及高价值劳动与低价值劳动。你在菜市场卖菜是劳动，他研究航天飞机也是劳动，不同职业、技能、工种，其劳动带来的价值不同，这也是拟定工资标准的重要依据。

工资是劳动在市场上的价格，有时，价格可能因为供需会产生扭曲，但总体而言还是合理的。在我国，除了公务员、国企及事业单位编制人员，其他人的工资基本都是由市场供需决定。你可以拿多少工资，与你的工作内容、工作结果，以及掌握的技能有关。如果你觉得现在的薪水较低，在与老板谈涨薪之前，先要了解行业的薪资状况、人力资源的供需情况以及自己的优劣，等等。对于从事高价值劳动的人来说，涨薪或许并不难，而对于付出简单的，产生不了多少价值的劳动者来说，真是的没有功劳，只有苦劳。

公平与效率：一锅粥的五种分法

经济上的公平即平等，主要指收入均等和机会均等。但是，经济平等不是一条绝对的原则，它的部分内容不能作为最高的或优先考虑的原则，如收入均等；有些内容又在现实生活中不可能完全做到，如机会均等。

经济上所说的效率，一般是指人、财、物等资源的有效使用和有效配置。它之所以成为重要的经济政策目标，是因为高效率是经济持续发展的前提。

经济学普遍认为，要强调公平，就要牺牲效率；而要强调效率，就难免要付出不公平的代价。因此，希望同时实现效率和公平是一种两难处境。绝大多数人都希望同时实现平等与效率，但事实上这几乎不可能。要提高效率难免有不平等，要实现平等又要以牺牲效率为代价。

有7个人在一起共同生活，他们每天要分食一锅粥，但并没有称量用具和有刻度的容器。大家发挥了聪明才智，试验了各种不同的方法，主要方法如下：

方法一：让一个人负责分粥。很快，大伙就发现，这个人为自己分的粥最多，于是又换了一个人，但总是主持分粥的人碗里的粥最多。

方法二：大家轮流主持分粥，每人一天。这样等于承认了个人有为自己多分粥的权利，同时给予了每个人为自己多分的机会。虽然看起来平等了，但是每个人在一周中只有一天吃得饱而且有剩余，其余6天都饥饿难挨。

方法三：大家通过选举，让一个值得信赖的人主持分粥。刚开始，这个人还能做到基本的公平，但不久他就开始为自己和溜须拍马的人多分。

方法四：选举一个分粥委员会和一个监督委员会，形成监督和制约。这样，虽然做到了起码的公平，但是由于监督委员会常提出多种议案，分粥委员会又据理力争，等分粥完毕时，粥早就凉了。

方法五：每个人轮流值日分粥，但是分粥的那个人要最后一个领粥。让人感到意外的是，在这个制度下，7只碗里的粥每次都是一样多，就像用科学仪器量过一样。每个主持分粥的人都认识到，如果7只碗里的粥不相同，他确定无疑只能拿到那份最少的。

这个小故事告诉我们，效率与公平的关系，本质上是如何把蛋糕做大，又如何使蛋糕分得更均匀一些。在公平与效率之间，既不能只强调效率而忽视了公平，也不能因为公平而不要效率，应该寻求一个公平与效率的最佳契合点，实现效率，促进公平。但是实现效率与公平的完美结合，又谈何容易？

总之，公平与效率之间的冲突是无法避免的，但是，我们看问题的视野应超越对立。按照经济人假定，人们经济活动的目的在于实现个人利益最大化，在分配问题上就是要争得尽可能多的份额，而不会考虑这样对别人是否公平。

再者，公平与效率并不是简单对立的，公平出效率，没有一定程度的公平，就不会有效率，也不会有福利增加。同时，如果没有效率，没有财富增加，片面寻求所谓公平是没有意义的，或者说是更大范围的不公平，因为它剥夺了人们充分发挥各自才能、以追求更美好生活的权利。所以说，效率与公平在很多情况下并非是此消彼长的关系，而是可以相互促进、共同提高的。

失业率指标：经济指标中的"大哥大"

所谓失业，就是指达到一定年龄，有劳动能力、有就业要求而未就业的城镇居民。有临时工作，劳动收入达到最低收入水平，或虽无职业但不要求就业者，不算作失业人员。

失业率是指失业人口占劳动人口的比率，表示一定时期全部就业人口中有工作意愿而仍没有工作的劳动力数量。失业率可以用下面的公式来表式：

失业率=（失业人口/劳动人口）×100%

失业率旨在衡量闲置中的劳动产能，它最能直接反映经济发展状况，是所有经济指标中的"大哥大"。如果把就业看作是经济增长的一个要素的话，那么就业增长得快，经济增长就快。反之，如果失业率上升的话，那么生产要素的增长速度就慢下来了，经济增长的速度当然也就慢下来了。

一般情况下，失业率下降，代表整体经济健康发展，利于货币升值；失业率上升，则代表经济发展速度放缓，经济逐渐衰退，不利于货币升值。如果将失业率配以同期的通货膨胀指标来分析，则可知当时经济发展是否过热，是否会构成加息的压力，或是否需要通过减息以刺激经济的发展。

根据失业的原因，可以将失业分成三种类型：自然失业、周期性失业和隐蔽性失业。

1.自然失业

自然失业是指由于经济中某些难以避免的原因所引起的失业。

一般造成自然失业的是这样几种状况：摩擦性失业、结构性失业、效率工资等。

2.周期性失业

周期性失业又称为总需求不足的失业，是由于总需求不足而引起的短期失业，它一般出现在经济周期的萧条阶段。这种失业与经济的周期性波动是一致的。在复苏和繁荣阶段，各厂商争相扩充生产，就业人数普遍增加；在衰退和谷底阶段，由于社会需求不足，各厂商压缩生产、裁减雇员，从而形成失业大军。

著名经济学家凯恩斯认为，就业水平取决于国内生产总值，国内生产总值在短期内取决于总需求。当总需求不足，国内生产总值达不到充分就业水平时，这种失业就必然产生。

周期性失业的原因主要是整体经济水平的衰退，由于它是可以避免的，因而周期性失业也是人们最不想看见的。然而周期性失业的失业人口众多且分布广泛，使经济发展面临严峻的困局，通常需要较长时间才能恢复。

3.隐蔽性失业

隐蔽性失业是指劳动者表面上就业，其实在从事一种与其教育水平或能力不相符的工作的一种社会现象。在市场经济社会中，由于经济衰退等原因，在某个岗位上比较熟练的工人被迫去做一些不太熟练的工作，或者有点技能的工人被迫去从事简单的体力劳动，这都很常见，受过高等教育的人员找不到相应工作的情况更为常见。

不管是哪一种失业情况，都不是我们愿意看到的。失业就意味着暂时失去了生活来源，而失去了生活来源再加上没有什么失业性的保障性措施，这将对整个社会稳定产生极大的影响！

基尼系数：你是不是又被平均了

1912年，意大利经济学家基尼提出一个用来综合考察居民内部收入分配差异状况的指标，即基尼系数。由于基尼系数给出了反映居民之间贫富差异程度的数量界线，可以较客观、直观地反映和监测居民之间的贫富差距，预报、预警和防止居民之间出现贫富两极分化，所以得到世界各国的广泛认同和普遍采用。目前，基尼系数是许多国家用于定量测定收入分配差异程度的一个重要分析指标。

该如何理解基尼系数呢？基尼系数指，在全部居民收入中，用于进行不平均分配的那部分收入占总收入的百分比。基尼系数最大为1，最小等于0。前者表示居民之间的收入分配绝对不平均，即100%的收入被一个单位的人全部占有了；而后者则表示居民之间的收入分配绝对平均，即人与人之间收入完全平等，没有任何差异。但是两种极端的情况，只存在理论上的可能，在现实生活中几乎不会出现。所以，基尼系数的实际数值只能介于0~1之间。

在下面的图中，横轴代表累计人口百分比，纵轴代表累计收入百分比。例如，点（0.7，0.3）表示收入最低的70%的人口拥有总收入的30%。绝对平等线表示收入分配绝对平等，A区域面积越大，偏离绝对平等线越远，则基尼系数越大，社会分配越不公平。

图中纵轴为"累计人口百分比（%）"，横轴为"累计人口百分比（%）"，图中有"绝对平等线"、"洛伦兹曲线"，以及区域 A、B。

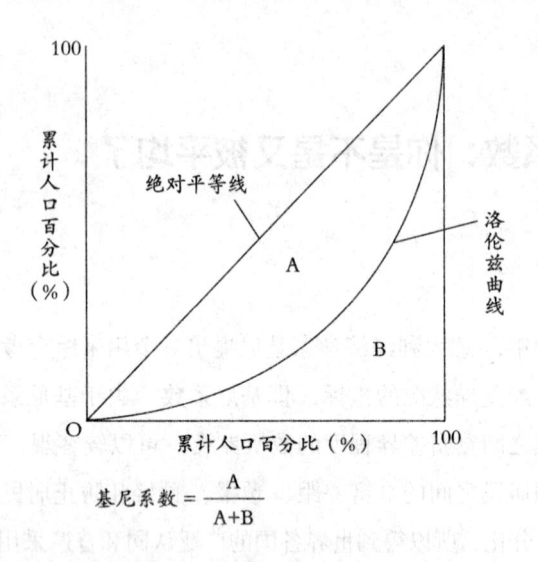

$$基尼系数 = \frac{A}{A+B}$$

联合国有关组织对基尼系数做了如下分类：

基尼系数低于0.2，表示收入绝对平均；

基尼系数介于0.2~0.3，表示收入比较平均；

基尼系数介于0.3~0.4，表示收入相对合理；

基尼系数介于0.4~0.5，表示收入差距较大；

基尼系数高于0.5，表示收入差距悬殊。

国际上通常把0.4作为收入分配差距的"警戒线"。将基尼系数0.4作为监控贫富差距的警戒线，应该说，是对许多国家实践经验的一种抽象与概括，具有一定的普遍意义。但是，各国、各地区的具体情况千差万别，居民的承受能力及社会价值观都不尽相同，所以这种数量界限只能用作宏观调控的参照系。

任何一个社会，基尼系数都不可以为零，试想，当所有人的收入都一样多，将会是怎样的一种社会状态。合理的收入差距也算是社会进步的一个动力，否则拼命干活的人和懒汉的收入是一样的，简直是不可想象。当然，如果基尼系数为1的话，说明只有极少数为超高收入，几乎所有人都是一贫如洗，似乎只有奴隶社会才是这个样子。

在现实生活中，有钱的人越来越有钱，穷人虽然不是越来越穷，但与有钱人的差距越拉越大，这是不争的事实。比如，某高科技公司上市后，7000多名员工拥有股票和期权，据其招股书显示，5500人分500亿元，人均1000万元，虽然普通员工被平均了，但其中的千万富翁也不在少数。

所以，因为股权和IPO的出现，可以短时间内造就许多千万富翁，甚至是亿万富翁。这些人的财富，是普通人一生都难以企及的。试想，如果这些富人用这些钱去投资房产，去理财，让钱生钱，永远要比普通人跑得更快。比如，你有30万元，按年化收益10%计算，一年后连本带利才33万元，如果用1000万元去理财，只要年化5%，就可以收入1050万元本息。

许多时候，人们会把收入不平均和社会不公平联系起来，其实这是两个完全不对等的概念。比如，读研究生的人，和一个普通工人相比，他们的收入是严重不公平的，工人虽然工资低，至少有收入，但读研究生的人却要花钱，这可以说是一种不平公吗？

也许有人会说这个例子太极端。在现实社会中，的确有很多低收入人群很难提高他们的收入，享受到社会发展的红利。但是，收入低并不一定是分配不公平造成的。就像上面举的例子，除了看绝对量之外，还要看相对量。

我们要看低收入人群的实际收入与其之前相比是增加了，还是减少了，他们的生活是改善了还是恶化了。如果他们的收入由于社会发展的某些原因，被动地减少了，生活被动地恶化了，那是社会分配不公的表现。但是如果他们的收入是普遍增加的，生活是改善的，只是增加的速度没有赶上社会整体发展的步伐，那也只是不平均的表现。

伊斯特林悖论：幸福并非是收入堆出来的

伊斯特林悖论又叫伊斯特林反论，或伊斯特林逆论，是由美国南加州大学经济学教授理查德·伊斯特林（R.Easterlin）在1974年的著作《经济增长可以在多大程度上提高人们的快乐》中提出来的。伊斯特林认为：通常在一个国家内，富人报告的平均幸福和快乐水平高于穷人，但如果进行跨国比较，穷国的幸福水平与富国几乎一样高，其中美国居第一，古巴接近美国，居第二。众所周知，古巴是一个穷国，按照常理，怎么可能与美国人民一样感到幸福呢？所以，伊斯特林悖论又叫"幸福悖论"。

现代经济学是构建于"财富增加将导致福利或幸福增加"这样一个核心命题之上的。然而，一个令人迷惑的重要问题是：为什么更多的财富并没有带来更大的幸福？这不禁引起了人们对于幸福和收入之间关系的思考。

有一个调查结果让所有人大跌眼镜。那个调查显示：人均GDP仅700美元的亚洲小国不丹荣登世界"幸福榜"榜首，并由此缔造了一个类似于GDP的新的国家发展水平衡量指标——"幸福指数"。

长期以来，人类一直致力于通过发展经济来让自己生活得更幸福，并且相信，只有变得富裕才会生活得更幸福。而这个指数的出现，开始让一些经济学家陷入了沉思：钱多了，为何幸福感不增反降？

从理论上讲，是基于"忽视变量"和"比较视角"。简单来说，是因为人们心里面的"两只怪兽"把幸福感吃掉了。第一只怪兽叫"适应",即人们会很快适应自己新增所得或生活水准,并视为理所当然;第二只怪兽叫"攀比",即向上比会觉得不足,跟同侪比觉得不尽理想,向下比又担心别人追赶上来,让主观感受到的幸福感大打折扣。于是,幸福与追求高收入成了反比,与高消费成了反比,与高竞争成了反比,与攀比成了反比。幸福变得越来越遥不可及。

幸福感是一种主观感受,受心理的支配,个人幸福感由个人心理状态决定,就社会层面来说,人们的整体幸福感则会受到整体心理参照系的影响。比如,在一个闭塞的山村,由于人们缺少与外界的联系,过着自给自足的生活,即使收入很低,也非常满足、幸福。而在一些大中城市,人们的生活节奏非常快,虽然有较高的收入,但是感到压力很大,没有多少幸福感。

有一个穷人和妻子、几个孩子共同生活在一间小木屋里,屋里整天吵闹不休,他感到家里就像地狱一般,于是他便去找智者求救。智者说:"只要你答应按我说的去做,就一定能改变你的境况。你回家去,把奶牛、山羊和鸡都放到屋里,与人一起生活。"

穷人听了,简直不敢相信自己的耳朵,但他事先答应要按智者的话去做,只好先去试一试再说。

当然,情况变得更加糟糕,穷人在痛苦不堪中过了两天。

第三天穷人又来找智者。他哭诉着说:"那只山羊撕碎了我房间的一切东西,鸡到处都是,它们让我的生活如同噩梦,人和牲畜怎么能住在一起呢?"

智者说:"赶快回家,把它们全都弄出屋去。"

过了半天，穷人又找到智者。他是一路跑来的，满脸红光、兴奋难抑。他拉住智者的手说："谢谢你，我现在觉得我的家就是天堂了！"

事实上，一个人生活的幸福与否，从来没有一个恒定的标准，在更多的情况下，幸福是一个人在现实生活中的感受，是与先前的生活、与周围人的生活的一种比较。

一般来说，人往往越是缺少什么，什么就越能够给他带来幸福。重病中的人恢复健康，游子回到母亲的怀抱，其幸福的感觉是无法比拟的。人的欲望是无穷的，一个欲望满足了，又会产生新的欲望。比如你原来是租房住的，当你住进自己房子的愿望得到满足后，你就会感到非常幸福。但是这种幸福也许持续不了多久，新的欲望就产生了，比如买车、住更好的房子等，这时又会感到不幸福了。

所以，生活得幸不幸福，与收入的关系不是很大。比如，做员工的都羡慕当老板的，觉得做老板有闲有钱有时间，活得很潇洒很自在。其实，站在老板的角度看，他有时会羡慕员工：完成一天的工作，就可以随心所欲地去做自己喜欢的事情了，而自己却要为了订单硬着头皮陪客户吃饭喝酒，为了想出一个好的营销思路而彻夜难眠，为了给员工发下个月的工资，结客户的账单，需要到处借钱……真所谓，穷人有穷人的痛苦，富人有富人的烦恼。

"伊斯特林悖论"启示我们，幸福并不取决于绝对收入，而取决于相对收入；人们感到悲伤，不是因为贫穷，而是由于他们发现自己处于某个特定群体的底层。在生活中，有体面劳动、有尊严生活，让自己脸上洋溢着满足感，这才是真正的幸福。

第六章

消费经济学——你花钱别人赚钱的奥秘

消费伴随着人的一生，房子、车子、吃的、用的，哪一样都离不开它，但生活中的你是否理性、聪明地花出这些钱呢？在消费活动中，消费者与商家是两个不可或缺的主角，虽然彼此都在使用经济规律，但有时恰恰又被这些规律所影响和控制。了解一些消费经济学常识，做一个精明的消费者，不仅仅是一种生活方式，更是一种理性而成熟的生活态度。

恩格尔定律：越穷越吃，越吃越穷？

与诸如国民生产总值、居民消费价格指数等一些流行的经济学术语相比，恩格尔系数算是一个"老前辈"了。它最早是由19世纪的德国统计学家恩格尔命名的。

恩格尔根据统计资料，总结出消费结构变化的一个规律：一个家庭收入越少，家庭收入中（或总支出中）用来购买食物的支出所占的比例就越大，随着家庭收入的增加，家庭收入中（或总支出中）用来购买食物的支出比例则会下降。往大了说，一个国家越贫穷，每个国民的平均收入中（或平均支出中）用于购买食物的支出所占比例就越大，随着国家的富裕，这个比例呈下降趋势。其中，食品支出总额占消费总额的比例，就是我们现在常说的恩格尔系数。

在总支出金额不变的条件下，恩格尔系数越大，说明用于食物支出的金额越多；恩格尔系数越小，说明用于食用支出的金额越少，二者成正比。反过来，当食物支出金额不变的条件下，总支出金额与恩格尔系数成反比。

众所周知，吃是人类生存的第一需要，在收入水平较低时，其在消费支出中必然占有重要地位。随着收入的增加，在食物需求基本满足的情况下，消费的重心才会开始向穿、用等其他方面转移。所以，一个国家或家庭生活越贫困，恩格尔系数就越大；反之，生活越富裕，恩格尔系数就越小。

恩格尔系数虽然是社会进步的衡量标准之一，但是，简单粗暴地以恩格尔系数低于30%为富足社会的测定标准，其实是不准确的。

小张在一家大型国企工作，年薪30多万元，妻子的年收入为10万元。2018年，他们在北京买了一套400万元的房子，首付150万元，贷款250万元。为了尽快还清贷款，他们节衣缩食，保持了父辈的生活传统。

有了孩子后，妻子做起了全职妈妈，整个生活的重担都压在了小张身上。每月除了还房贷，工资所剩无几。所以，他很少出去吃饭，招待朋友也尽可能在家里。小张经常向人诉苦说："房奴的日子真不好过啊。"

在生活中，许多年轻人都过着小张这样的生活：虽然不存在温饱问题，但是为了改善住房，习惯过于节俭的生活，在饮食方面还基本保持着较低的生活标准。如此，他们在食物方面的支出只占收入的很少比例。

当然，这并不是说恩格尔定律失效了，而是我们没有正确理解它，所以在运用的时候会犯一些错误。在使用恩格尔系数时，要注意以下事项：

首先，在进行国际比较时应注意可比口径，在中国城市，由于住房、医疗、交通等方面存在大量补贴，所以进行国际比较时应调整到相同口径。

其次，恩格尔系数是一种长期趋势，时间越长趋势越明显，某一年份恩格尔系数波动是正常的。

再次，地区间消费习惯不同，恩格尔系数略有不同。

恩格尔系比较容易理解，它为我们总结了一个简单的标准，但在运用的时候，我们却不能想得太简单，而要因时因地因情况，尽可能真实反映消费水平和生活质量之间的关系。

消费者剩余：千金买邻的背后

在南北朝时，有个叫吕僧珍的人，一家几代人都居住在广陵地区。他为人比较正直，且非常聪明，所以受到人们的尊敬和爱戴，而且小有名气。

有一个名叫宋季雅的朝廷官员，被罢免南郡太守后，由于久仰吕僧珍，便专门买下吕僧珍宅屋旁的一幢房子，与其为邻。

有一天，吕僧珍问宋季雅："你花多少钱买这幢房子？"宋季雅回答："1100金。"吕僧珍听后非常吃惊："这也太贵了吧？"宋季雅笑了笑说："不贵，不贵，其实买房只花了100金，1000金是为了买个好邻居。"

这即是人们常说的"千金买邻"的典故。

相信，市场价为100金的房子，肯定不会有人愿意出价1000金。但是，宋季雅觉得这笔买卖很划算，所以愿意多花1000金来买个好邻居。也就是说，宋季雅并不觉得自己花了冤枉钱，这1100金符合他的心理预期。

如果从经济学的角度看，这个故事中，宋季雅愿意支付的房屋的价格与实际价格之间的差额，即1000金，就是我们常听到的"消费者剩余"。这一概念最早是由马歇尔提出的，他在《经济学原理》中为消费者剩余下了这样的定义："一个人对一物所付的价格，绝不会超过而且也很少达到他宁愿支付而不愿得不到此物的价格。所以，他从购买此物中所得到的满足，通常超过他因付出此物的代价而放弃的满足，这样，他就从这种购买中得到一种满足的剩余。他宁愿付出而不愿得不到的此物的价格，超过他实际付出的价格的部分，就是这种剩余满足的经济衡量。这个部分可以称为消费者剩余。"

简单的理解就是，消费者剩余是指消费者购买某种商品时，所愿支付的价格与实际支付的价格之间的差额。同样一件商品，当它的价格越低时，人们购买的意愿越强，因为它的"消费者剩余"更多。所谓消费者剩余就是指在购买一种商品时，人们愿意支付的货币量减去实际支付量的剩余部分。消费者剩余可以用下列公式来表示：

消费者剩余＝买者的评价－买者的实际支付

比如，小王想买一台某品牌的彩电，他愿意支付的价格是5000元，而彩电市场价为4000元，那么此时消费者剩余即为5000-4000=1000元。所有人都喜欢获得尽可能多的消费者剩余，也就是说，消费者剩余越多，商品对消费者的吸引力就越大，消费者就越愿意购买。

在经济学中，消费者剩余主要有两层意义：

首先，它提醒生产者尽可能降低成本，在同样的市场价格中，通过增加消费者剩余，来提升产品的竞争力。这一点很好理解。比如，同样是1500元的价位，某品牌手机的性价比更高，更受消费者的欢迎。究其原因，是因为同样的配置，它的生产成本更低，所以，有更大的降价空间，从而让人们看到更多的消费者剩余。

其次，消费者剩余可以转化成生产者的利润。例如，某厂家生产的笔记本电脑性能各方面都不错，颇受市场欢迎，但由于生产设备所限，一个月只能生产5000台。如果想要购买这款笔记本的消费者大约有2万人，其中1万人愿意接受1万元的价格，1万人愿意接受9000元的价格。这时，如果厂家定价9000元，很快就会销售一空。如果定价1万元，所有电脑也都会被卖掉，而且吃尽了所有可能的消费者剩余。

这个案例其实揭示了一种市场现象，即谁的成本更低，谁就能提供更多的消费者剩余，谁就抓住了消费者。在市场经济中，很多商家为了让自己赚取更多的利润，会尽量让消费者剩余成为正数，于是采取薄利多销的销售策略，以此来吸引更多的消费者前来购买商品。

在日常生活中，消费者剩余可以用来衡量消费者购买并消费某种物品或服务所得到的经济福利的大小。一种产品或服务给消费者带来的消费者剩余越大，即市场价格越低于消费者愿意出的最高价格，消费者就越愿意购买；反之，如果市场价格高于消费者愿意出的最高价格，那么消费者就会认为购买该物品或劳务不值得，或者说消费者剩余为负数，那么消费者就不会购买。

节俭悖论：捡了芝麻，丢了西瓜

18世纪初，荷兰医生曼德维尔写了《蜜蜂的寓言》一书，书中讲述了一个蜜蜂王国的兴衰史。1936年，凯恩斯在他的著作《就业、利息和货币通论》中引用了这则寓言：

有一窝蜜蜂，原本家族很繁荣，所有蜜蜂整天都在大吃大喝。后来，有一个哲人教导它们说，不能如此挥霍浪费，过日子应该节俭一些。蜜蜂们听了哲人的话，觉得很有道理，于是个个争当节约模范。结果让他们始料未及，整个蜂群很快就走向衰落，从此一蹶不振。

受这则寓言的启示，凯恩斯总结了一个令当今美国人非常恼火的观点：对个人来说，节约是美德，对国家来说，节俭则是灾难。这即是我们常说的节约悖论。

节约悖论的具体表述是：消费的变动会引起国民收入同方向变动，储蓄的变动会引起国民收入反方向变动。根据储蓄变动引起国民收入反方向变动的理论，凯恩斯推导出：增加储蓄会减少国民收入，使经济衰退，是恶性的；而增加消费会增加国民收入，使经济繁荣，是良性的。

20世纪30年代，美国出现了经济大萧条。当时，人们对美国的经济前景不抱有任何希望，所以大家都尽量多储蓄。但是，不愿意消费的心理和行为又使工厂的商品出现严重滞销，从而导致工厂进一步裁员，人们的收入随之加剧下降。一些经济学家认识到，当国民增加消费在收入中的比例时，有利于他们增加收入，国家经济也会呈现繁荣局面；而当国民降低消费在收入中的比例时，则会造成收入下降，国家经济也会随之陷入衰退。简而言之，挥霍导致繁荣，节约导致萧条。

凯恩斯认为，引起20世纪30年代经济大危机的正是总需求不足，或是有效需求不足。

通常，节俭会减少支出，迫使厂家削减产量，解雇工人，从而减少了收入，最终减少了储蓄。储蓄虽然可以短期内增加个人的财富，但是，如果整个国家的民众都增加储蓄，从长期来看，将会使整个经济陷入萧条。

在现实生活中，节俭是一种美德，与我们每个人的生活息息相关。但是，做任何事情都得有度，过度节俭可能不是好事。那我们该如何理性看待节俭这个问题呢？

一是过度节俭看似可以积累不少财富，其实忽视了"开源"，从而失去了获取更多财富的可能性。

二是节俭有可能使人安于现状，没有动力去投资理财。人们常说，心有多高，天就有多高。当人们满足于目前的消费水平时，自然会想，何苦再去费力地赚更多的钱呢？

三是一些日常用品的重复性消费，好像每次都很节省，但加在一起却是惊人的浪费。比如，经常为了省钱买一些质量较差的家用电器，结果呢，这些电器故障高，几年下来，维修更换的钱完全可以买一个有品质保障的产品。

消费可有效地拉动经济，从而让整个经济活动持续和循环起来。所以，从宏观方面来讲，每个人应该根据自身的收入水平合理消费，不要一味地去节俭，这样对自身，对社会都具有积极作用。

边际效用：有用的东西不一定值钱

边际效用又称"界限效用"。从1871到1874年，奥地利经济学家门格尔、英国经济学家杰文斯、法国经济学家瓦尔拉先后提出边际效用价值论。他们认为，商品的价值取决于人们对它的效用的主观评价。人们在消费一种商品时，每增加一个单位，其效用就会递减；最后一个消费单位的效用最小；决定商品价值的，不是它的最大效用，也不是它的平均效用，而是它的最小效用。在经济学中，效用是指商品满足人的欲望的能力，或者说，效用是指消费者在消费商品时所感受到的满足程度。

门格尔的学生、奥地利经济学家维塞尔首先称这种最小效用为"边际效用"。也就是说，边际效用是指在其他条件不变的情况下，随着消费者对某种物品消费量的增加，他们从该物品连续增加的每一消费单位中所得到的满足程度越来越小的一种现象。这种现象普遍存在，被人们称为边际效用递减规律。

人对物品的欲望会随欲望的不断满足而递减。如果物品数量无限，欲望可以得到完全的满足，欲望强度就会递减到零。但数量无限的物品只限于空气、阳光等少数几种，其他绝大部分物品的数量是有限的。在供给有限的条件下，人们不得不在欲望达到饱和以前某一点放弃自己的满足。为取得最大限度满足，应把数量有限的物品在各种欲望间适当分配，使各种欲望被满足的程度相等，这样，各种欲望都会在达到完全满足之前某一点停止下来。这个停止点上的欲望必然是一系列递减的欲望中最后被满足的最不重要的欲望，处于被满足与不被满足的边沿上，这就是边际欲望；物品满足边际欲望的能力就是物品的边际效用。

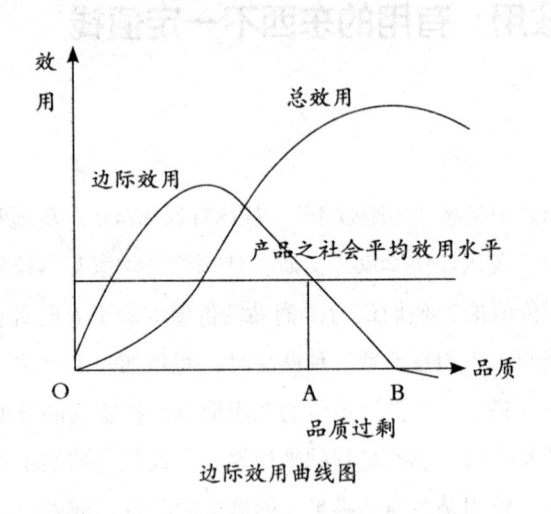

边际效用曲线图

为了说明这个规律，接下来，我们看一个故事：

有一个穷人，家中最值钱的家当就是一只旧木碗。有一天，穷人到了一艘渔船上去帮工。不幸的是，渔船在航行中遇到了暴风雨，结果沉入了大海。船上的人几乎都被淹死了。穷人抱着一根大木头，才幸免于难。穷人被海水冲到一个小岛上，岛上的酋长看见穷人手中的木碗，很是好奇，于是用一口袋最好的珍珠、宝石换了那只木碗。

有一个富翁打听到这个消息，心中窃喜："一只破木碗竟能换这么多宝贝，如果带着许多美味的食物去，岂不是能换回更多的宝物！"于是，他装了满满一船山珍海味和美酒，历尽艰辛终于找到了穷人去过的小岛。酋长接受了富人送来的礼物，品尝之后赞不绝口，声称要送给他最珍贵的东西。富人心中暗自得意。看见酋长双手捧着的"珍贵礼物",富人惊得目瞪口呆——居然是穷人用过的那只旧木碗!

这是这个小岛绝无仅有的一只木碗,在酋长眼中可谓价值连城。所以,酋长把它作为最珍贵的礼物送给客人,无可厚非。

通常,随着人类手工业的发展,只要有木材,便可以造出木碗,故木碗比比皆是,但人类社会的宝石极其稀少,而且人们只拥有最后一只木碗这种情况是几乎不可能出现的。所以,木碗对人增加的效用是极小的。但钻石就不一样了,它比较稀缺,价值与价格都远远高于木碗。但是,在这个小岛上,这个规律似乎不成立:岛上到处都是钻石,木碗仅有一只。所以,对于这个海岛上的人来说,木碗不仅造型奇特,还具有实用功能,显而易见,木碗的边际效用价值远远大于宝石。

因此,我们也可以用边际效用解释生活中的其他一些常见现象:某些物品虽然实用价值大,但是却廉价,而另一些物品虽然实用价值不大,但却很昂贵。

羊群效应：人多本身就是说服力

社会心理学家研究发现，影响人们从众的最重要的因素是持某种意见的人数多少，而不是这个意见本身。人多本身就有说服力，很少有人会在众口一词的情况下还坚持自己的不同意见。这种现象就是我们常说的"羊群效应"。

法国科学家让亨利·法布尔曾经做过一个松毛虫实验。他把若干松毛虫放在一只花盆的边缘，使其首尾相接成一圈，在花盆的不远处，又撒了一些松毛虫喜欢吃的松叶，松毛虫开始一个跟一个绕着花盆一圈又一圈地走。这一走就是七天七夜，饥饿劳累的松毛虫尽数死去。而可悲的是，只要其中任何一只稍微改变路线就能吃到嘴边的松叶。这些不知疲倦的松毛虫死于"羊群效应"。

1952年的阿希实验最早证明这种现象在人身上也是存在的。参加实验的学生拿到两张卡片，一张卡片画着一条竖线，另一张卡片画着三条差异非常明显的竖线，分别是A、B、C。他们要测试的是：判断第一张卡片的竖线和第二张卡片上哪条竖线的长度一样。虽然是A、B、C三条竖线差异非常明显，但六个学生中有五个是"托"，实验进行过程中他们会同时说出同一个错误答案，多次重复实验之后发现，好多人都是"盲从的羊"，跟随了其他人的选择，也不管究竟是对是错。

人们常用"羊群效应"来形容从众心理，从众心理很容易导致盲从，而盲从往往会使人陷入被动。在经济学中，羊群效应是一种常见的现象，即人们盲目地跟风消费。比如，吃饭喜欢到人多的饭店；选择家电时，倾向于那些市场占有率高的品牌；选择旅游景点时，偏向热点城市和热点线路。

再如，在股票市场中，个人投资者跟随大部分投资者的跟风行为就是一种羊群效应。相信大家都有过这样的体会，在做股票投资的时候，总爱跟其他做股票投资的朋友就市场情况或者买卖的股票聊上几句，最后心里会有一种感受："还是别人家买的股票好"，对自己的选股策略产生了怀疑。

几乎每个人都有一定的从众心理。尤其是在别人的引诱下，我们容易丧失基本的判断力，一见别人排队买东西，就认为有"便宜"可占，不管自己是否需要，价格几何，都要跟在别人后面。一见别人买房、买股票赚了钱，瞬间觉得遇到了千载难逢的机会，于是变得不淡定了。

从另一个角度来说，从众行为也是一种预期理性行为。在现有的信息条件下，人们通过模仿领头羊的行为以期达到自己的预期结果。虽然预期希望常常不能如愿以偿，但是在做出这个选择之前，人们有一种理性的预期希望，为了达到这种预期希望，人们选择跟从行为，所以经济学中的从众行为并不见得就一无是处。在信息不对称和预期不确定的条件下，跟在别人后面做，可以减少或是避免一定的风险。

需要注意的是，消费者的从众行为是有一定限度的。在对商品了解较多，并有客观判断标准的情况下，就很少有从众行为；商品信息模糊时，就容易产生从众行为。对每个消费者来说，是否会产生从众行为还与其个性有密切关系。依赖性强、缺乏自信、易受暗示、知识面窄的消费者更容易产生从众行为。

第七章

理财经济学——让财富增值速度跑赢CPI

你不理财，财不理你。把暂时不用的钱存到银行，谋取稳定的利息，那是上一代人的理财观。这种连每个老太太都懂的理财方式无法让你的财富增值速度跑赢CPI。即使跑赢一两次，也是运气，要想持续不断地跑赢CPI，必须要用经济学的思维去理财。

黄金：保值增值的准货币

黄金作为货币的历史十分悠久，出土的古罗马亚历山大金币距今已有2300多年历史，波斯金币已有2500多年历史。然而，这些金币只是在一定范围内、区域内流通使用的辅币。黄金成为一种世界公认的国际性货币是在19世纪出现的"金本位"时期。

"金本位制"即黄金可以作为国内支付手段，用于流通结算，可以作为外贸结算的国际硬通货。早在1717年英国就施行了金本位制，直到1816年才正式在制度上给予确定。之后欧洲多国，如德国、瑞典、挪威、荷兰等先后宣布施行金本位制。金本位制是黄金货币属性表现的高峰。世界各国实行金本位制长者200多年，短者数十年。之后，由于第一次世界大战爆发，各国纷纷进行黄金管制，金本位制难以维系。"二战"结束前夕，国际社会召开了布雷顿森林会议，决定建立以美元为中心的国际货币体系。从此美元与黄金挂钩，35美元可兑换一盎司黄金。在20世纪60年代，一些国家相继出现黄金抢购风潮，美国为了维护自身利益，先是放弃了黄金固定官价，并宣布不再承担兑换黄金义务，于是布雷顿森林货币体系瓦解。

虽说黄金现在不作为货币流通了，但黄金仍是可以被国际接受的继美元、欧元、英镑、日元之后的第五大国际结算货币。经济学家凯恩斯揭示了货币黄金的秘密，他指出："黄金在我们的制度中具有重要的作用。它作为最后的卫兵和紧急需要时的储备金，还没有任何其他的东西可以取代它。"现在黄金可视为一种准货币。

曾作为货币的黄金在退出流通领域之后，仍被视为一种准货币与财富的象征，被人们广泛地储藏。即使在今天，黄金投资作为一种古老而又新兴的投资仍然在投资市场中发挥其独特的魅力。

黄金投资就是根据黄金价格的波动来赚取其中的差价，它的操作模式和股票类似。投资黄金的优势在哪里呢？

首先，黄金不宜被人为操控。

任何地区性的股票市场，都有可能被人操纵。但是黄金市场却不会出现这种情况，因为黄金市场属于全球性的投资市场，现实中还没有哪一个财团或国家具有操控金市的实力。正因为黄金市场是一个透明的有效市场，所以黄金投资者也就获得了很大的投资保障。

其次，变现能力强。

由于黄金市场是一个全球性的24小时交易的市场，所以可以随时交易变成钞票，黄金更是与货币密切相关的金融资产，具有世界价格，还可以根据兑换比价，兑换为其他国家货币。

再次，具有逆向性。

黄金的价值是自身固有的，当纸币由于信用危机而出现波动贬值时，黄金就会根据此货币贬值比率自动向上调整，而当纸币升值时，黄金价格恒定，这种逆向性便成为人们投资规避风险的一种手段，也是黄金投资的又一主要价值所在。

另外，黄金投资也是世界上税务负担最轻的投资项目。与其他很多投资品种不同，黄金的交易与继承都不存在高额的税费。

和所有的投资项目一样，黄金投资也同样是收益和风险并存的，所以，投资者在做这方面投资时，一定要有风险意识，并对自身情况有一个准确的把握。

复利：世界的第八大奇迹

在经济学中，复利是一个经常被人们提及的概念。它是指将每一期的利息加上本金计算下一期的利息，如此不断循环。简单来说，复利就是利滚利。这样，即使基数很小，经过若干年，也会变得非常大。

复利计算公式为：

$$S=P\times(1+i)N$$

其中，S 为收益总和，P 为本金，i 为收益率，N 为时间。

通常，我们不可能短时间内改变自己的现状，也就是公式中的本金。为了获得更高的收益，有两个变量是我们可以改变的：利率和坚持的时间。比如，在现实生活中，有人用10年，甚至20年的时间，持续投资某一领域，会让自己财富爆炸式增长。这就是经济学中典型的复利思维。

1626年，荷属美洲新尼德兰省总督彼得·米纽伊特花了大约24美元从印第安人手中买下了曼哈顿岛。而到2000年1月1日，曼哈顿岛的价值已经达到了约2.5万亿美元。只用24美元就买下了曼哈顿岛，彼得·米纽伊特的投资回报率高得惊人。

如果我们用复利的思维来看，或许这位总督的投资回报率也算不上什么。为什么这么说呢？先来算一笔账：如果彼得·米纽伊特当初拿这笔钱去投资股票，按照美国近70年来股市的平均收益率11%来计算的话，到2000年，这24美元会变成23.8万亿美元，要超出曼哈顿岛价值数倍。这么一算，彼得·米纽伊竟然吃了大亏。

沃伦·巴菲特是著名的投资家。关于财富积累，他在其2006年致股东信中举了一个例子：从1900年1月1日到1999年12月31日，道琼斯指数从65.73点涨到了11497.12点，足足增长了176倍，是不是非常可观？

那它的年复合增长是多少？答案是，只有5.3%。

这个增长率说明，如果你有1万块，每年才有530元的收入。即使是普通人，也很容易取得这样的回报率。有人对巴菲特53年的投资收益率做过一个统计，结果显示收益率低的时候只有4%左右，高的时候接近60%，大多数年份在10%~20%之间，其中仅有2001年和2008年收益率为负，并且仅有1976年收益率超过50%。

由此可见，通过低风险的投资，并通过足够的时间周期，股神巴菲特从最初的小资本，通过神奇的复利，一度成为世界首富。要知道，他一生中99%的财富，都是他50岁之后获得的。也就是说，在50岁之前，他与许多工薪阶层一样，而到50岁后，财富翻了成百上千倍。这主要得益于复利。对自己的财富，他用一句话做了最好的诠释："人生就像滚雪球，重要的是找到很湿的雪和很长的坡。"

股票：是财富乐园，也是人间地狱

股票是一种出资证明，当一个自然人或法人向股份有限公司投资时，便可获得股票作为凭证，并以此来证明自己的股东身份，享受股东所具有的参与企业决策、分享企业利润等权利。

我们平时所提及的股票是一种有价证券，是股份有限公司在筹集资本时向出资人公开发行的、用以证明出资人的股东身份和权利，并根据股票持有人所持有的股份数享有权益和承担义务的可转让的书面凭证。股票代表其持有人（即股东）对股份公司的所有权，每一股股票所代表的公司所有权是相等的，即我们通常所说的"同股同权"。股票是可以获得收益的，其一是股份公司经营所得的红利分红，其二就是转让股票所带来的差价。股票所具有的流动性——股票可以转让是股票成为备受关注的投资方式原因之一。

买卖股票的市场可以简单地分为一级市场和二级市场。一级市场也称为发行市场，它是指公司直接或通过中介机构向投资者出售新发行的股票。所谓新发行的股票包括初次发行和再发行的股票，前者是公司第一次向投资者出售的原始股，后者是在原始股的基础上增加新的份额。二级市场也称交易市场，是投资者之间买卖已发行的股票场所。这一市场为股票创造流动性，即能够迅速脱手换取现值。我们的股票投资大多发生在这个二级市场。

股票是有价格的，有了价格之后就可以在市场上买卖了。股票价格又叫股票行市，是指股票在证券市场上买卖的价格。股票市价表现为开盘价、收盘价、最高价、最低价等形式。

股票的投资相对来说是最为简单的，我们只要记住一点就可以，那就是低买高卖，通过价格之间的差价来获得收益。然而，也正是这个价格的变动难以让我们把握。可能是前一分钟还处于价格下降的阶段，而后一分钟就处于价格的上升阶段了。所以，作为股票的投资者，要尽量时刻关注股票价格的变化。在这里时间和金钱实实在在地联系起来了。

股票投资具有高风险、高收益的特点。在投资股票的过程中，一定要掌握基本的投资原则与分析方法。

1. 投资原则

股票投资是一种高风险的投资，投资者在涉足股票投资的时候，必须结合个人的实际状况，订出可行的投资政策。这实质上是确定个人资产的投资组合的问题，投资者应掌握好以下两个原则。

（1）风险分散原则。投资者在支配个人财产时，要牢记："不要把鸡蛋放在一个篮子里。"各种投资渠道都有自己的优缺点，尽可能回避风险和实现收益最大化，成为个人理财的两大目标。

（2）量力而行原则。股票价格变动较大，投资者不能只想盈利，还要有赔钱的心理准备和实际承受能力。

2. 分析方法

当前，从研究范式的特征和视角来划分，股票投资的分析方法主要有如下两种：基本分析，技术分析。

（1）基本分析。基本分析法是以传统经济学理论为基础，以企业价值作为主要研究对象，通过对决定企业内在价值和影响股票价格的宏观经济形势、行业发展前景、企业经营状况等进行详尽分析，大概测算上市公司的长期投资价值和安全边际，并与当前的股票价格进行比较，形成相应的投资建议。一般，股价波动不可能被准确预测，而只能在有足够安全边际的情况下买入股票并长期持有。

（2）技术分析。技术分析法是以传统证券学理论为基础，以股票价格作为主要研究对象，以预测股价波动趋势为主要目的，从股价变化的历史图表入手，对股票市场波动规律进行分析的方法总和。技术分析认为市场行为包容消化一切，股价波动可以定量分析和预测，如道氏理论、波浪理论、江恩理论等。

基金：放长线才好钓大鱼

广义的基金是机构投资者的统称，包括信托投资基金、保险基金、退休基金、慈善基金等。狭义的基金主要指证券投资基金，是将众多的投资者的资金集中起来，形成独立资产，由基金管理人管理，以投资组合的方法进行证券投资的一种投资方式。

投资学上有一句谚语："不要把你的鸡蛋放在同一个篮子里。"但是，中小投资者通常无力做到这一点。如果投资者把所有资金都投资于一家公司的股票，一旦这家公司破产，投资者便可能尽失其所有。

而证券投资基金通过汇集众多中小投资者的小额资金，形成雄厚的资金实力，可以同时把投资者的资金分散投资于各种股票，使某些股票跌价造成的损失用其他股票涨价的赢利来弥补，分散了投资风险。

基金是由专业的投资专家——基金经理管理，他们拥有专业化的分析研究队伍和雄厚的实力，一般采取分散投资，所以基金比股票的风险小，收益也更为稳定。

与股票、债券、定期存款、外汇等投资工具一样，证券投资基金也为投资者提供了一种投资渠道。基金的投资理念，不是一夜暴富，而是跑赢时间，跑赢货币贬值和通货膨胀。

与其他的投资工具相比，证券投资基金具有哪些特点呢？

（1）投资成本较低

基金将众多投资者的资金集中起来，有利于发挥资金的规模优势，降低投资成本。基金由基金管理人进行投资管理和运作，基金管理人一般拥有大量的专业投资研究人员和强大的信息网络，能够更好地对证券市场进行全方位的动态跟踪与分析。

（2）用组合方式投资

我国《证券投资基金法》规定，基金必须以组合投资的方式进行投资运作。基金通常会购买几十种甚至上百种股票，投资者购买基金就相当于用很少的资金购买了一揽子股票，某些股票下跌造成的损失可以用其他股票上涨的赢利来弥补，因此可以充分享受到组合投资、分散风险的好处。

（3）共担风险，共享收益

基金投资人共担风险，共享收益。基金投资收益扣除由基金承担的费用后的盈余全部归基金投资者所有，并依据各投资者所持有的基金份额比例进行分配。为基金提供服务的基金托管人、基金管理人只能按规定收取一定的托管费、管理费，并不参与基金收益的分配。

投资基金，最忌讳的是用价值投资的手段分析一支基金，却用短线手法来交易。频繁的短线交易，不过是为券商带来了丰厚的手续费。短线交易、波段操作的难度其实大于长线投资，即使运气好，也不过只能挣点蝇头小利，因为缺乏足够的定力，常常在买进几天之后就匆匆卖出，然后再去寻找另外一支基金。

在基金投资中，有一个"72法则"可以简单快速测算出你的资金翻番需要多长时间，用72除以你的预期年收益率的分子，得出的数字就是你的资金翻番需要的年数。假如你预期年收益是9%，你的资金大概在8年后翻番；假如你的预期年收益为12%，大概需要6年的时间实现翻番。所以，在基金投资上，投资者宜"放长线钓大鱼"。

保险：规避、分摊风险的好工具

保险可分为社会保险和商业保险，社会保险由政府主导，而商业保险则由被保险人向保险公司购买。

大多数人在买商业保险时，都遵循这样的原则：先意外、医疗，后养老分红。为什么要坚持这个原则呢？因为人生存在三大风险——意外、疾病和养老，最难预知和控制的就是意外和疾病，而保险的保障意义，在很大程度上就体现在这两类保险上。

在商业保险中，有偏向于人生、疾病等保障的，有偏向于投资理财的。一般来说，偏向投资的理财保险主要有三类：具体为分红险、万能险和投连险。分红险和万能险属于理财类产品，投连险属于投资类产品。分红型保险是指保险公司将其实际经营成果优于定价假设的盈余，按照一定比例向保单持有人进行分配的人寿保险。万能型保险是指包含保险保障功能并设立有保底收益投资账户的人寿保险。投资连结型保险是指包含保险保障功能并至少在一个投资账户拥有一定资产价值的人寿保险。

相信，有不少人在购买理财险时，保险推销员都会为其推荐某些据说是高收益、高回报的理财险产品，并且会把产品的预算利率给他们看。有些消费者在盲目追求高回报时，难免心动会上当。

那保险理财产品到底该怎么买呢？

1.分红保险：了解公司的实际经营业绩

如果投保人选择购买分红保险产品，投保人应当了解分红保险可分配给投保人的红利是不确定的，没有固定的比率。分红水平主要取决于保险公司的实际经营成果。如果实际经营成果比预期好，保险公司才会将部分盈余分配给投保人。如果实际经营成果比预期差，保险公司可能不会进行盈余分配。不要将分红保险产品同其他金融产品（如国债、银行存款等）等同或进行片面比较。

2.万能保险：不要只看最低保证率

如果投保人选择购买万能保险产品，投保人应当详细了解万能保险的费用扣除情况，包括初始费用、死亡风险保险费、保单管理费、手续费、退保费用等。万能保险产品的投资回报具有不确定性，投保人要承担部分投资风险。产品说明书或保险利益测算书中关于未来收益的测算纯粹是描述性的，最低保证利率之上的投资收益是不确定的。

3.连结保险：高赢利意味着高风险

如果投保人选择购买投资连结保险产品，投保人应当详细了解投资连结保险的费用扣除情况，包括初始费用、买入卖出差价、死亡风险保险费、保单管理费、资产管理费、手续费、退保费用等；投资连结保险产品的投资回报具有不确定性，投资风险完全由投保人承担。产品说明书或保险利益测算书中关于未来收益的测算纯粹是描述性的，实际投资可能赢利或出现亏损。

购买保险的目的是规避风险和分摊风险。虽然现在保险是进行个人理财的重要工具，与住房、教育、养老、退休保障、遗产、避税等人生各方面息息相关，涉及资金的安全、运动和增值，但是，人们的经济状况和年龄各不一样，所以保障理财的重点各有不同。每个人都应该结合自己的实际情况，进行理财规划，或购买适合自己的保险理财产品。

债券：到期还本付息的借条

债券是一种金融契约，是政府、金融机构、工商企业等直接向社会借债筹措资金时，向投资者发行，同时承诺按一定利率支付利息并按约定条件偿还本金的债权债务凭证。

说白了，债券就是一张借条，比如，有家公司向你借钱，给你一张债券，你得到债券的同时将钱借给公司，等到一段时间后，公司把钱还给你，并支付利息给你，同时拿回债券。当然，借钱的利息事先需用利率约定，例如利率为3.0%，你买1万元债券，企业每年就给你300元利息。你也可以将买债券看成是定期储蓄，即在一定的期限内可以得到约定的利息。

下面用一个例子来说明债券的流通过程。

A向B借钱1万元做生意，并签下借据，约定3年后还钱，每年给400元的利息。1年后，B急需用钱，但A拿不出钱，必须要到三年后才能收回投资，并还钱。于是，B找到另一个有闲钱的朋友C，由于C也认识A，相信A的信誉，所以，他愿意让B将A的借据转过来，由C给B10400元，再过两年后，A直接还C11200元即可。这时，借据就形成了流通，成了一种工具。

现在，如果A的生意赚钱了，开了一家公司，扩大投资需要1000万元，于是，他不再是开借据，向朋友借钱，而是用公司的名义发行10年期债券，利率5%。C也买了其中1万元的债券，每年能拿到利息500元。可是，两年后C要和女朋友结婚，需要现金，那么，C就可以将债券转卖。这时，B正好有意向购买，于是可以接过C的债券，然后给他1.1万元，10年后，B就能得到A还的1.5万元。但是，如果B中间也需要用钱的话，可以将债券卖给其他人，从而获得资金。

从中可以看到，债券的流通过程有点像股票，但它们之间有着本质的区别。债券的本质是债的证明书，具有法律效力。债券购买者与发行者之间是一种债权债务关系，债券发行人即债务人，债券持有人即债权人。而股票是证明所有权的凭证。另外，债券是有期限的，股票却只能靠流通来取回投资。债券还本付息是固定的，股票则因为很多因素，价格上下波动。

在进行债券投资时，首先需要了解一些关于债券的基本信息。

1.债券的基本要素

债券的基本要素主要包括以下几个方面：

（1）债券的票面价值。债券要注明面值，而且都是整数，还要注明币种。

（2）债务人与债权人。债务人筹措所需资金，按法定程序发行债券，取得一定时期资金的使用权及由此而带来的利益，同时又承担着举债的风险和义务，按期还本付息。债权人定期转让资金的使用权，有依法或按合同规定取得利息和到期收回本金的权利。

（3）债券的价格。债券是一种可以买卖的有价证券，它有价格。债券的价格，从理论上讲是由面值、收益和供求决定的。

（4）还本期限。债券的特点是要按原来的规定，期满归还本金。

（5）债券利率。债券是按照规定的利率定期支付利息的。利率由双方按法规和资金市场情况进行协商确定下来，共同遵守。

除此之外，债券还有提前赎回规定、税收待遇、拖欠的可能性、流通性等方面的规定。

那么，C就可以将债券转卖。这时，B正好有意向购买，于是可以接过C的债券，然后给他1.1万元，10年后，B就能得到A还的1.5万元。但是，如果B中间也需要用钱的话，可以将债券卖给其他人，从而获得资金。

从中可以看到，债券的流通过程有点像股票，但它们之间有着本质的区别。债券的本质是债的证明书，具有法律效力。债券购买者与发行者之间是一种债权债务关系，债券发行人即债务人，债券持有人即债权人。而股票是证明所有权的凭证。另外，债券是有期限的，股票却只能靠流通来取回投资。债券还本付息是固定的，股票则因为很多因素，价格上下波动。

在进行债券投资时，首先需要了解一些关于债券的基本信息。

1.债券的基本要素

债券的基本要素主要包括以下几个方面：

（1）债券的票面价值。债券要注明面值，而且都是整数，还要注明币种。

（2）债务人与债权人。债务人筹措所需资金，按法定程序发行债券，取得一定时期资金的使用权及由此而带来的利益，同时又承担着举债的风险和义务，按期还本付息。债权人定期转让资金的使用权，有依法或按合同规定取得利息和到期收回本金的权利。

（3）债券的价格。债券是一种可以买卖的有价证券，它有价格。债券的价格，从理论上讲是由面值、收益和供求决定的。

（4）还本期限。债券的特点是要按原来的规定，期满归还本金。

（5）债券利率。债券是按照规定的利率定期支付利息的。利率由双方按法规和资金市场情况进行协商确定下来，共同遵守。

除此之外，债券还有提前赎回规定、税收待遇、拖欠的可能性、流通性等方面的规定。

2.债券的特征

债券作为一种重要的融资手段和金融工具具有如下特征：

（1）偿还性。债券一般都规定有偿还期限，发行人必须按约定条件偿还本金并支付利息。

（2）流通性。债券一般都可以在流通市场上自由转让。

（3）安全性。与股票相比，债券通常规定有固定的利率。与企业绩效没有直接联系，收益比较稳定，风险较小。此外，在企业破产时，债券持有者享有优先于股票持有者对企业剩余资产的索取权。

（4）收益性。债券的收益性主要表现在两个方面：一是投资债券可以给投资者定期或不定期地带来利息收入；二是投资者可以利用债券价格的变动，买卖债券赚取差额。

3.债券的交易方式

（1）现货交易。最早，现货交易是指债券的买卖双方一旦成交后，买方立即付款，卖者立即交券，实行当场钱货两清的做法。随着债券交易量的扩大，使债券很难在买卖成交后立即办理交割，导致了债券的成交和交割的脱节。于是，成交之后，在很短的时间内办理交割的交易方式，就是现货交易。

（2）债券回购交易。证券的持有方以持有的证券做让与担保，获得一定期限内的资金使用权，期满后则需归还借贷的资金，并按约定支付一定的利息；而资金的贷出方（融券方、资金供应方）则暂时放弃相应资金的使用权，从而获得融资方的证券担保权，并于回购期满时归还对方让与担保的证券，收回融出资金并获得一定利息。个人不能参与这种交易，只允许机构法人开户交易。

（3）债券期货交易。债券期货交易是指在将来某一特定日期以重新商定的价格买卖某特定债券的交易。

期货：现在做将来的生意

期货与现货完全不同，现货是实实在在可以交易的商品，期货不是商品，而是一种标准化的商品合约，在合约中规定双方于未来某一天就某种特定商品或金融资产按合约记载内容进行交易。所以，这个标的物可以是某种商品，也可以是金融工具。期货交易是相对于现货交易的一种交易方式，它是在现货交易的基础上发展起来的，通过在期货交易所买卖标准化的期货合约而进行的一种有组织的交易方式。

期货交易中达成的标准化合约，即标准化的远期合同。这个远期合同是在交易所达成的标准化的、受法律约束的，并规定在将来某一特定地点和时间交割某一特定商品的合约。该合约规定了商品的规格、品种、质量、重量、交割月份、交割方式、交易方式等，它与合同既有相同之处，又有本质的区别，其根本区别在于是否标准化。我们把标准化了的合同称之为合约。该合约唯一可变的是价格，其价格是在一个有组织的期货交易所内通过竞价而产生的。

期货合约是在期货市场中进行买卖的。这种买卖是由转移价格波动风险的生产经营者和承受价格风险而获利的风险投资者参加的，在交易所内依法公平竞争而进行的，并且有保证金制度为保障。保证金制度的一个显著特征是用较少的钱做较大的买卖，保证金一般为合约值的5%~15%，与现货交易和股票投资相比较，投资者在期货市场上投资资金比其他投资要小得多，俗称"以小搏大"。期货交易的目的不是获得实物,而是回避价格风险或套利,一般不实现商品所有权的转移。期货市场的基本功能在于给生产经营者提供套期保值、回避价格风险的手段,以及通过公平、公开竞争形成公正的价格。

在了解了什么是期货,什么是期货合约后,接下来,再来看看如何进行期货买卖,如何利用期货来获得收益。为此,我们列举量子基金创始人罗杰斯的一个例子。

1973年,埃及与以色列两国发生了战争,以色列数千人伤亡,坦克、飞机损失惨重,以色列震惊地发现自己虽然拥有较佳的飞机与飞行员,但是埃及空军却显然具有不寻常的优势。

罗杰斯敏锐地注意到,这是由于苏联供给埃及的电子设备,是当时美国无法供给以色列的。因为当时美国的国防工作集中在日常的补给,所以加入了长期的科技发展。1974年,美国生产飞机和军用设备的洛克航空公司的利润大幅度下降,市场纷纷传言其即将破产,期间股票价格跌至2美元,濒临破产。

冷静的罗杰斯从国际竞争格局中看到:美、苏两大国的军事技术的较量必将愈演愈烈,美国政府一定会将财力放在生产国防用的最优良设备上,所以,洛克公司将会得到美国政府政策性的大力扶助。基于这种预见,他大量购入洛克公司的股票,不久后,洛克公司股票突然爆发,股价从2美元暴涨至120美元。罗杰斯狠狠赚了一大笔。在这场投资中,罗杰斯重视独立思考的特征表露无遗。

所以说,期货市场的投入,是一种远期的规划,要求我们有缜密的计划、大胆的设想、小心的求证,在投资中保持平常的心态。

目前,我们的期货市场不允许交割实物,只能做投机,即一种理财手段。但期货商品的价格确是围绕实物的市场价格波动的,所以,期货相对于股票而言,可以说是实体的。

第八章

投资经济学——资本游戏的时髦玩法

投资是一项系统的工程，可以拉动和实现经济的快速增长，对于经济生活的意义不言而喻。在经济生活中，只有了解资本市场中诸如IPO、价值投资、天使投资、买壳上市、兼并重组等原理与现象，才能更好地解读资本运作的原理，看懂热点财经事件。

IPO：亿万富翁的孵化器

IPO是"Initial Public Offerings"的缩写，即首次公开募股，指某公司首次向社会公众公开招股的发行方式。公司进行IPO，除了可以获得资金用来扩展业务，而且会成为一家公众公司，以方便从二级市场募集资金，为公司的持续发展提供保障。

一家企业从小到大，在发展过程中，遇到的瓶颈主要是资金。资金是企业的血液，没有资金企业很难发展，尤其是一些初创企业，由于规模小，没有上市资格，通常会寻求风险投资前来投钱，等逐渐发展壮大后，就需要从更多的人手里筹钱，这时IPO就是一个很有效的方式。

成立于1997年的碧桂园集团，至今已经营造了多个超大规模综合社区，是全国最大的综合性房地产开发企业之一。2007年4月，在香港证券交易所上市，首次IPO创内地房地产企业规模最大纪录，总共出让16.87%的股权，募集到129亿港元的资金。公司大股东杨惠妍以25岁的年龄变身为中国最年轻首富，她拥有碧桂园58.19%的股份，其身价在上市之初就达到了600亿元。这也让一向低调的碧桂园成为一个新的财富神话。

很多人可能不明白这到底是怎么一回事，也不清楚这个首富是如何炼出来的。原先碧桂园是一家家族房地产企业，其中，杨惠妍和一些亲戚朋友分别占70%、30%的股权。杨惠妍是最大股东，其他几个人是与她一起创业的元老。上市后，总共卖出16.87%的股份，杨惠妍和这些亲戚的总股份被稀释到83.13%，其中杨惠妍所占份额被稀释到58.19%。他们为什么要让出股份呢？原来这些股份是卖出去的，别人要拿钱来认购，这样钱就流入了企业。碧桂园总共募集到129亿港元，公司就可以用这笔钱进行业务扩张了。

那么，杨惠妍是如何成为当时首富的呢？其实，她并不是真的有那么多钱，而是按照香港交易所里碧桂园的股价，她手里的股票值600亿元。

当然，对于一些股民而言，提到IPO，不由会产生一种打新股的冲动。由于害怕股票卖不掉，使IPO失败，企业在公开发行股票时，股价不会太高。所以，其股票上市交易后，有相当大的概率是上涨的。也就是说，能打到新股的股民，基本稳赚不赔，而且收益率相当可观。所以，不管是机构，还是个人，都喜欢打新股。

对于散户来说，如果想搭乘企业的IPO致富快车，需要注意以下几点：

（1）T-2日（含）前20个交易日日均持有1万元非限售A股市值才可申购新股，上海、深圳市场分开单独计算。

（2）客户同一个证券账户多处托管的，其市值合并计算。客户持有多个证券账户的，多个证券账户的市值合并计算。融资融券客户信用证券账户的市值合并计算。

（3）上海每持有1万元市值可申购1000股，深圳每持有5000元市值可申购500股。

（4）深圳有市值的普通或信用账户才可申购，上海只要有指定交易的账户即可申购，客户只有第一次下单有效（按发行价买入）且不能撤单。

价值投资：专情要比多情幸福100倍

在资本市场，"价值投资"是一个耳熟能详的词，尤其是当人们谈及股神巴菲特时，经常把他与"价值投资"画等号。

价值投资是在20世纪30年代由本杰明·格雷厄姆提出，后来，又由巴菲特发扬光大的投资方式。现在，价值投资理念风靡全球，被投资者奉为圣典。价值投资的精髓就是，投资那些股票价格远低于其内在价值的公司，并且长期持有，享受公司成长带来的收益。

价值投资为什么会受到全世界投资者的青睐？不只是因为巴菲特通过价值投资赚得盆满钵满，树立了财富榜样，更是因为它揭示了投资的本质与逻辑。从1965年到1994年，巴菲特的投资业绩平均每年增值22.9%，超过道·琼斯指数近12个百分点。换句话说，如果你在1965年投资巴菲特公司1美元的话，到1994年，你可以得到900美元的回报。如此高的回报率，完全得益于价值投资理念。巴菲特也因为对价值投资有着深刻的理解与准确的把握，所以成为世界上公认的伟大投资家。

"价值投资"听上去很专业，其实，它没有我们想象的那么复杂。比如，对于投资股市而言，真正的价值投资者从来不去预测股市的底，也不会去预测哪里是顶，他们买卖股票的唯一原则就是这只股票的价格低于其内在价值，投资它并长期持有就会获得高于市场的平均收益。他们依据安全边际准则选择股票，也就是说，如果明天交易市场就关门了，这个公司股票还值得买吗？如果值得，那就买进。价值投资者不像那些股票投机者，他们不需要一夜暴富，他们追求的是一种稳定的长期的高收益，是用复利来赚钱。

巴菲特每年的收益率也就20%多点，并不算高，但是他的厉害之处在于，能够稳定地获得这个收益。价值投资看重的另外一个方面就是长期持有，巴菲特说过，购买一只股票期待它第二天上涨是愚蠢的。平均下来，他所投资的每只股票持有期达到8年。

一个价值投资者要想成功，就应该对投资抱持一种正确的态度。格雷厄姆坚称投机并不是投资，而且认识到两者之间的分别是至关重要的。进入投机领域，投资者很容易被伶牙俐齿的投资专家忽悠：夸夸其谈的收益记录、玄乎其玄的数学公式、闻所未闻的高级概念，这些就是投资者把钱交给他们去操作的理由。

有时，投资者会主动陷入自欺欺人的境地，会败给人"好赌"的天性，正如格雷厄姆和多德说的："即使购买（证券）的潜在动机纯粹只是投机式的贪婪，但人性使然，总是要用一些看似冠冕堂皇的逻辑与理由，把丑陋的冲动给掩盖起来。"

投资者有无数种方法可以把自己的钱扔进投机的赌博游戏中，最常见的手段是"赌涨跌"。格雷厄姆向来对所谓的市场时机嗤之以鼻。他强调任何仅根据预测未来市场的走高或走低而做出的财务决策，都是投机行为。

天使投资：面目最慈祥的伯乐

天使投资又称风险投资，是指投资公司在企业的起步阶段对其进行投资以获得企业的部分股权，然后通过企业的上市或者股份转让实现退出盈利的投资方式。这对投资人的眼光、资源、资本运作能力有很高的要求。

也就是说，天使基金是专门投资于企业种子期、初创期的一种风险投资。它的出现可以为那些在创业初期缺乏资金的团队和个人解决后顾之忧。早期的天使投资人往往是成功的创业者或前大公司高管、行业资深人士，他们往往能给创始人带来经验、判断、业界关系和后继投资者。

在我国，天使投资起步较晚，20世纪90年代才出现一些本土的天使投资基金。近些年来，随着中国经济稳定健康快速发展，市场容量迅速扩大，中国已经成为天使投资基金的种子基地了。

目前，国内比较知名的投资基金有本土的弘毅投资、联想投资、鼎晖投资等，还有外来的红杉资本、IDG风险投资、高盛、摩根和软银亚洲等。这些天使基金不仅能给创业者以支持，而且一部分投资者还给不同阶段的创始企业提供附加价值。像国内的一些大型企业，如蒙牛乳业、南孚电池、阿里巴巴等上市公司都是这些风投的杰作。它们以几倍、十几倍甚至几十倍的收益率创造着一个又一个资本界的神话。

苹果公司是世界知名的IT公司，但很多人不清楚，苹果公司也是靠着天使投资才逐渐发展壮大的。这其中，迈克·马库拉便是一位天使伯乐。苹果创立之初，马库拉不仅自己投入92000美元，还筹集了69万美元，另外，又由他担保从银行借了25万美元，总计100万美元。1977年，苹果公司创立，马库拉以平等合伙人的身份，正式加盟苹果公司，并出任副董事长，乔布斯担任董事长。之后，马库拉推荐迈克尔·斯科特担任苹果公司首任首席执行官。后马库拉在苹果公司任董事长，直到1997年离开。

我们可以没有钱，但不能没有一个好的项目。只要项目好，有市场、有团队，有自主研发的技术成果，就可以用别人的钱来发展自己的企业。这就是天使基金的魅力所在。

一般来说，天使基金更青睐具有高成长性的科技型项目，其收益率普遍在十几或者几十倍以上。如果你有意将自己的投资用作天使基金，为了安全起见，不妨投给高成长性的创业项目。

到这里，或许你才明白，为什么要给这种专门投资企业种子期、初创期的基金冠以"天使"之名，是因为它是面目最慈祥的风险资金，可以帮助小企业脱离苦海、摆脱死亡的危险，因而取得"天使"这样崇高的名称。

买壳上市：资本市场的借尸还魂术

买壳上市又称"后门上市"或"逆向收购"，是指一家非上市公司通过购买一家已经上市的公司一定量的股票来获得对该公司的控股权，然后再通过增发股份向公众筹集资金来反向收购自己的业务及资产，从而实现间接上市的目的。

买壳上市的基本思路：非上市公司选择、收购一家上市公司，然后利用这家上市公司的上市条件，将公司的其他资产通过配股、收购、置换等方式注入上市公司。整个运作途径可以概括为：买壳——借壳，即先买壳，再借壳。

具体来说，买壳上市有这么几个步骤：

1.选择具备卖出条件的壳公司

壳公司的选取是买壳上市运作的第一步，是整个过程中至关重要的一环。壳公司选择的正确与否，将直接关系到收购兼并是否能够取得最后成功。

什么是壳公司？在国际证券市场上，拥有和保持上市资格，但相对而言，业务规模小或停止，业绩一般或无业绩，总股本与可流通股规模小，或停牌终止交易，股价低或股价趋于零的上市公司。在中国，壳公司泛指已经取得并继续拥有上市资格的股份公司。

2.分析壳公司股本结构

该阶段需要了解壳公司的现状、交易的价格，并构思重组后的方案。同时，与拟进行股权转让的法人股及国有资产代表进行谈判。谈判结果取决于双方的实力、地位和交易条件。

3.取得第一大股东地位后，重组董事会

买壳上市一般采用与大股东协商收购合并控股权的方式，因此确定了目标壳公司后，就应着手进行与壳公司大股东的谈判协商工作，尽量使双方在友好合作的条件下完成收购，以减少收购成本，即使采用二级市场"要约收购"方式，在收购了壳公司一定比例（在中国为5%）股权后，收购方也要进行公告，然后和壳公司大股东进行接触、协商，力争"和平收购"。

4.向壳公司注入优质资产

收购方培育壳公司的重要手段之一是，注入优质资产，以置换目标企业的不良资产。其方式为：一是用新入"壳"大股东的优良资产置换原不良资产；二是用巨资购置优质资产。由于买壳涉及大笔资产转移，因而买壳后必须重新制订理财策略。

买壳上市比直接公开发行方便实用得多，那为什么大家不全部去买壳上市呢？不要忘了，买壳上市也是有弊端的。首先，壳资源是有限的。只有那些经营不善，股价非常低的上市公司才能成为壳资源，而且这样的壳资源不需要太多的钱。其次，它的融资额度很小，一般比较适合小型公司。最后，财务风险很大，因为收购壳公司需要大笔资金，成本较高。所以有条件的大企业还是会选择公开发行上市的方式来进行融资。

兼并重组：你好我好大家好

兼并重组，是指在市场机制的作用下，一个企业通过产权交易获得其他企业的产权，并企图获得其控制权的经济行为。通常，并购重组方式主要包括兼并、收购、合并、托管、租赁、产权重组、产权交易、企业联合、企业拍卖、企业出售等。

在资本市场中，常见的并购重组有这么几类：

1. 按行业分

（1）横向并购。是指为了提高规模效益和市场占有率，而在同一类产品的产销部门之间发生的并购行为。

（2）纵向并购。是指为了业务的前向或后向的扩展，而在生产或经营的各个相互衔接和密切联系的公司之间发生的并购行为。

（3）混合并购。是指为了经营多元化和市场份额，而发生的横向与纵向相结合的并购行为。

2. 按动机分

（1）规模型并购。通过并购扩大规模，减少生产成本和销售费用，提高市场占有率，扩大市场份额。

（2）功能型并购。通过并购实现生产经营一体化，完善企业产业结构，扩大整体利润。

（3）成就型并购。通过并购满足企业家的成就欲。

3. 按意愿分

（1）协商型。又称善意型，即通过协商并达成协议的手段取得并购意思的一致。

（2）强迫型。又称为敌意型或恶意型，即一方通过非协商性的手段强行收购另一方。通常是在目标公司董事会、管理层反对或不情愿的情况下，某些投资者用高价强行说服多数股东出售其拥有的股份，以达到控制公司的目的。

4.按程序分

（1）协议并购。指并购公司不通过证券交易所，直接与目标公司取得联系，通过谈判、协商达成协议，据以实现目标公司股权转移的收购方式。

（2）要约并购。指并购公司通过证券交易所的证券交易，持有一个上市公司已发行在外的股份的30%时，依法向该公司所有股东发出公开收购要约，按符合法律的价格以货币付款的方式购买股票，获取目标公司股权的收购方式。

总之，企业的并购重组是市场经济作用机制下的产物，无论是对大企业自身发展还是对于中小企业的生存以及地区产业布局都有着深远的影响。同时，企业重组也是一个复杂的过程，其中涉及财务、股权等多种层面，对于并购重组的优点和缺点也需要多重考量。

博傻理论：牛顿原来也是大笨蛋

很多人都听说过博傻理论，也叫"最大笨蛋理论"。这个理论是由经济学家凯恩斯提出的，它的大意是，在进行投资的时候，很多人不清楚某个东西的真实价值是多少，即使它是垃圾，一文不值，也愿意进行投资。之所以这么做，是因为他们相信在未来一定会出现一个更大的笨蛋来接盘，从而让自己获利。

1720年，英国股票投机狂潮中有这样一个插曲：一个无名士创建了一家莫须有的公司。自始至终无人知道这是一家什么公司，但认购时近千名投资者争先恐后把大门挤倒。没有多少人相信真能获利丰厚，而是相信有更大的笨蛋会出现，价格会上涨，自己能赚钱。饶有趣味的是，牛顿参与了这场投机，并且成了最大的笨蛋。他因此感叹："我能计算出天体运行，但人们的疯狂实在难以估计。"

博傻理论所揭示的就是投机行为背后的动机，投机行为的关键是判断有没有比自己更大的笨蛋，只要自己不是最大的笨蛋，那么自己就一定是赢家，只是赢多赢少的问题。尤其是在股市中，这种心理体现得最为明显。

一般来说，股票市场上的投资者根本不在乎股票的理论价格和内在价值，他们购入股票的原因，只是因为他们相信将来肯定有人会以更高的价格从他们手中接过"筹码"。对于某只股票，总有人过于乐观，也总有人趋向悲观，有人过早采取行动，也有人行动迟缓。这些判断的差异导致整体行为出现差异，并激发市场自身的激励系统，导致博傻现象的出现。

通过博傻赢利的前提是，有更多的智力障碍者来接棒。这就需要对大众心理进行判断。当大多数投资者普遍认为当前价位已经偏高，需要撤离观望时，市场的真正高点也就到来了。"要博傻，不是最傻"，这话说起来简单，但做起来不容易，因为到底还有没有更多更傻的人，这是不容易判断的。一不留神，理性博傻者就可能成为最傻者。所以，要参与博傻，必须对市场的大众心理有比较充分的研究和分析，并控制好心理状态。

"投资要用大脑而不用腺体"，这是巴菲特的名言。大脑要做的工作是，判断企业经营前景和大众心理趋向，而腺体只会让人按照本能去做事。

人们都知道泡沫迟早会破裂，但出于贪婪的天性，谁都想往这个泡沫里加气泡，因为他们相信，自己一定不会成为最后一个离场的可怜虫，直到那惨烈的衰退狂潮比涨潮时更猛烈地退去……

传花者总是要把花尽快传递出去，投机者总是尽快把"烫手山芋"扔出去。而你我，都要聪明一点，给自己留一条后路，别做最大的笨蛋。

第九章

博弈经济学——竞争与合作，该谁说了算

在现实中，我们不是在一个毫无干扰的真空世界里做决策，我们的每一个选择每一步行动都会影响到周围的其他决策制定者，而他们的选择也会反过来影响到我们。了解经济学中的博弈论，在经济生活中才能做出明智的决策，才更懂商战的天空。

垄断市场：除了我，你别无选择

垄断，从微观经济学上理解，就是行业内只有一家厂商，这家厂商生产的产品缺少相近的替代品，并且该行业也缺少潜在的进入者。

在垄断市场上，厂商和行业两个概念完全重合，行业中唯一的厂商是垄断厂商，而这个垄断厂商就代表一个行业。

那垄断是如何形成的呢？

在现实中，有的行业是百家争鸣，有的行业一家独大。一般认为，垄断的基本原因是进入障碍，换句话说，垄断者能在其市场上保持唯一卖者的地位，是因为其他企业不能进入市场并与之竞争。进入障碍产生的原因主要在于资源的垄断、政府创造垄断和自然垄断。

1.资源垄断

资源垄断是指关键资源由一家企业拥有。例如，某个村有100户人家，每户人家都有自己的稻田，那么，一斤稻米的价格就是种植成本加入有限的利润，种植成本1元，利润0.8元，那售价就是1.8元。如果这个村里只有一块稻田，且为一户人家所有，且该地区再没有种植水稻的农户。那对种水稻这户人家来说，种植成本没有什么变化，但是定价可以高许多。因为这家靠自己的资源形成垄断，它拥有非常强的市场力量。同样的道理，微软正是利用它的技术资源取得垄断地位的。

2.政府创造垄断

政府创造垄断是政府给予一家企业排他性地生产某种产品或

劳务的权利。在我国，像铁路、邮政、电信和银行等部门都属这种垄断。通常，垄断的目的是为了减少市场混乱，更好地保障国计民生。比如，政府会把自来水的供应集中起来，交给一家自来水企业，这家企业就形成了垄断。还有一种情况是，当一个企业研制出了一种新产品时，它向政府申请专利，政府会赋予该企业一定时期的专利保护，在这段时期内，该企业就可以垄断市场了。

3. 自然垄断

自然垄断是指在某个行业中，一个生产者会比大量生产者更有效率。当一家企业生产时，产量较大，平均总成本比较低，但如果有多家企业生产的话，每家企业的产量就很少，不能形成规模经济，所以成本较高。

除了上面提到的几种垄断市场，还有一种情况比较特殊，就是垄断竞争市场。这是一种既垄断又竞争，同类但不同质的市场。比如，在饮料市场中，百事可乐和可口可乐算得上是双寡头。它的显著特点是少数几家厂商垄断了某一行业的市场，这些厂商的产量在全行业总产量中占有相当高的比例，从而控制着该行业的产品供给。所以，寡头垄断是一种由少数几家卖方主导市场的市场状态，比较接近于完全垄断。垄断竞争市场的定价通常是某个企业先自行定价，然后根据市场再进行调价，最终达到均衡，从而确保几个寡头可以获取高额的垄断利润。

在大部分市场中，垄断局面的形成不仅会给企业带来谋取高额利润的机会，也会造成低效率和无谓的损失。所以，政府常常会对垄断问题做出反应，主要包括制定法律反对垄断，如我国曾制定了《反垄断法》。

当然，垄断并非对社会没有一点益处。比如，因为有稳定高额的经济利润，会促使垄断厂商不断进行创新、研发，并改进品质和服务。完全竞争的企业，是没有力量的，也没有动力进行研发和创新。但凡那些创新能力强的企业，多为垄断厂商。

规模经济：阵容庞大不一定厉害

一提及规模经济，我们的脑海里会立刻浮现出如下景象：大工厂，生产线，成千上万的工人，整齐划一的产品。人们常常因"规模"二字而将规模经济联想成大生产。当然，规模经济的确与批量化生产联系密切，但规模不等于优势，规模不等于实力。

规模经济又称"规模效应"，指随着生产能力的扩大，单位成本下降的趋势。在经济学家那里，"规模"和"经济"要分开来理解。"规模"指的是伴随着生产能力扩大而出现的生产批量的扩大；"经济"则含有节省、效益、好处的意思。

按照权威的经济学辞典的解释，规模经济指的是：在给定技术的条件下（没有技术变化），对于某一产品（无论是单一产品，还是复合产品），如果在某些产量范围内平均成本是下降或上升的话，就存在着规模经济或不经济。所以说，规模经济并不是以规模来确定的，而是以是否经济来确定的。无论一个企业的生产规模有多大，只要其平均生产成本在下降，就说明它存在规模经济；平均生产成本在上升，就是存在规模不经济。

产生规模经济的原因主要有四点：

第一，随着生产规模的扩大，厂商可以使用更加先进的生产技术。在实际生活中，机器、设备往往具有不可分割性，有些设备只有在较大的生产规模下才能得到使用。

第二，规模扩大有利于专业分工。不同于小企业，规模达到一定的企业，不但制定有严格的工作流程，而且每个岗位分工明确，第三，随着规模扩大，厂商可以更为充分地开发和利用各种生产要素，包括一些副产品。

第四，随着规模的扩大，厂商在生产要素的购买和产品的销售方面拥有更多的优势，随着产量的增加，这些优势就逐渐显示出来。

在现实中，采取多大规模能实现成本最小化，取决于企业生产与市场的特点。从生产的角度来看，一个行业所使用的设备越大、越专业化，技术越复杂，创新越重要，规模就越大越好。从市场的角度看，产品标准化程度越高，需求越稳定，规模就可以越大。比如，在钢铁、化工、汽车等重型制造业中，这些企业的规模往往相当巨大，小企业难以在这些行业生存。

但是，规模经济并不意味着规模越大越好，对于特定的生产技术，当规模扩大到一定程度后，生产就会出现规模不经济，造成规模不经济的原因主要是管理的低效率，缺少竞争力。由于规模过大，信息传递费用增加，信号失真，滋生官僚主义，使得规模扩大所带来的成本增加，出现规模不经济。

有很多企业没有竞争力——成本高，效率低，一个重要的原因就在于没有实现适度规模。实现适度规模的原则适用于所有行业，不过各个行业实现的方式并不一样。像钢铁、家电、汽车这些行业，生产之间的联系强，因此适于集中生产，即工厂的规模要大，而且要集中在同一地区，才能发挥规模经济的优势。另外一些行业如零售商业，采取了集中与分散相结合的方式，集中进货，统一的物流配送，统一的管理制度，保证了成本最低。

相反，如果一个行业使用的设备并不是大型的，技术与生产工艺也不复杂，技术创新所需的资金和承担的风险并不大。从市场的角度看，产品标准化程度低、需求多变，规模就可以小一些。所以，对于企业和个人来说，究竟是规模大一点好还是规模小一点好，要依据具体情况而定。

完全竞争：不按套路出牌的雷克公司

1977年,一个冒失的英国人闯进航空运输市场,开了一家名叫雷克的航空公司。此人名叫弗雷迪·雷克,他非常看好航空市场,也觉得自己在这个市场中能大有作为。开始,他经营从伦敦飞往纽约的一条航线,票价是135美元,这个价格远远低于当时的最低票价382美元。这么低廉的价格,自然吸引了不少乘客,所以他的公司总是不差客源。1978年,雷克荣获"大英帝国爵士"头衔。1981年,"弗雷迪爵士"的年营业额达到5亿美元,这让他的对手们感到了压力。但是好景不长,1982年雷克公司宣告破产。

很多人奇怪,好端端一家公司,为什么在一夜之间就消失了呢?原因非常简单,原来,雷克的竞争对手,包括泛美、环球、英航和其他一些公司采取了联合行动,大家商量好一起降价,并且降价幅度非常狠——甚至低于雷克公司的票价。雷克自然玩不过这么多航空大佬,很快就败下阵来。更要命的是,这些公司还达成协议,运用各自的影响力阻止各大金融机构向雷克公司贷款,使其难以筹措到抗争的资金,这进一步加速了雷克公司的破产。雷克消失后,他们的票价马上回升到原来的高水平。

竞争在人们的生活中是非常普遍的现象。在经济领域如果没有竞争,就没有琳琅满目的商品;没有竞争,就没有绚丽多彩的生活。为什么竞争使市场充满了生机呢?我们有必要了解下竞争为何物。

竞争又称为完全竞争,是指一个市场完全靠一只看不见的手,即价格来调节供求。完全竞争具备两个不可缺少的因素:所提供销售的物品是完全相同的,不存在产品差别;买者和卖者都很多且规模相当,以至于没有一个买者或卖者可以影响市场价格。

比如,小麦市场就是一个很典型的完全竞争市场,有成千上万出售小麦的农民和千百万使用小麦和小麦产品的消费者。由于没有一个买者或卖者能影响小麦的价格,所以,每个人都认为价格是既定的。

完全竞争具备以下几个特点:

第一,市场上有大量企业,而且每个企业的规模都很小,它们的产量在市场上占的比例几乎可以忽略不计。每一家企业无论增加或减少产量对市场价格都毫无影响。市场价格完全是由供求关系自发决定的,企业只能接受而无法施加任何影响。

第二,生产者所能提供的服务是无差别的。所有商品提供者的服务都是一样的,因而买什么样的商品对于消费者来说是没有差别的。对于有特色的产品,总有消费者愿意付出更高的价格,从而使产品差别影响了价格。但完全竞争市场上的产品是同质产品,没有任何影响价格的特色。

第三,在这个市场上,各种资源能够自由流动。也就是说,要想加入这个市场并无任何阻力,任何人都有资格进入该市场。另外,退出这一市场原则上也不存在任何障碍。只要这个行业有利润,其他企业就会迅速进入,直至供给增加,利润消失。只要这个行业有亏损,原有的企业就会迅速退出,直至供给减少,亏损消失。

第四,在这个市场上,买者和卖者对市场的情况有充分的认识,不存在由于一方垄断信息而引起的信息不对称,以及由此产生的垄断。

如果个别企业提高了自己的效率,平均成本低于社会平均成本,这种差额就成为企业的经济利润。比如在大米市场上,生产一斤大米的平均成本是2元钱,而市场中大米的价格是3元。如果个别企业采用了新技术,降低了稻米加工成本,让平均成本降为1.8元。市场价格并不受到这单个企业平均成本的影响,仍然卖3元。成本低的这家企业就能得到每斤1.2元的经济利润,而其他企业仍旧只能获得每斤1元的利润,这多出来的0.2元的利润就得益于其生产率的提高。

对于消费来说,完全竞争可以让他们买到更便宜的商品。因为完全竞争的存在,迫使商品生产者竞相降低成本、压低售价。从社会角度来看,完全竞争促使社会资源有效地分配到每一个部门、每一种商品的生产上,使之得到充分利用。生产效率低的企业在竞争中逐步被打败,就使得它的资金、劳力、设备等社会资源重新组合到生产效率高的企业中,这是社会的一种进步。

标准竞争：用规则的制定权谋取超额利润

所谓的标准竞争，就是争取让自己的标准成为行业的标准，以确立自己在行业的领先地位。许多具有先见之明的企业已将标准竞争作为一种基本的竞争战略，并通过标准竞争建立其他方式难以获取的核心竞争力。而在标准竞争中处于劣势的国家和企业，则不得不接受别人的领导。

当前，5G是一个炙手可热的概念。过去相当长的一段时间，人们普遍认为这是中国和美国之争，更具体一点说，是华为和高通之争。这种言论在2016年年底华为主推的Polar码被3GPP会议决议成为5G时代eMBB场景的控制信道编码方案后，许多人认为华为已经拿下了5G！

其实，这并不是说谁拿下了谁，而Polar码也不为华为所独有，华为只是主要研究Polar码并处在领先地位，拥有较多专利，可以更快地在此基础上推出商用产品，布局5G设施。但是，Polar码的胜出，打破了欧美企业在通信技术上的垄断，使中国通信企业在国际上被认可，地位得到提升，也为中国在5G标准中争取较以往更多的话语权奠定了基础。

为什么"标准"具有如此强势的力量呢？就拿电器业的两大巨头索尼和松下来说。在20世纪70年代，索尼和松下同时推出了两种不同的录像带制式：BETAMAX 和VHS。据技术专家评论说，松下公司生产的VHS 在技术上与索尼公司生产的BETAMAX完全不在一个档次。在录像带出现之前，松下占据的电视机市场份额远远超过索尼,并且与一些国家的进口商和电视机生产商建立了密切的伙伴关系。这就产生了一个技术之外的新问题,录像带是要靠录像机录放的,而录像机要接在电视机上才能播放画面。

虽然索尼在技术方面拥有一定的优势,但聪明的录像机生产商还是决定追随"主流",生产播放VHS格式录像带的机子。既然录像机生产商做出了他们的选择,录像带生产商当然也要追随"主流",生产VHS格式的录像带,所以技术明显落后的"VHS"竟然成了"标准"。这对索尼来说,简直是一场灾难:公司投入巨资研发、生产的高科技录像带被弃如敝屣,整个行业成了"VHS"的天下。

"标准"的力量就是这么强大,所以任何企业都不该忽视它。当然,大多时候都是先进的技术会成为标准,像"索尼式的悲剧"只能算是个案。

如今,标准竞争日益激烈,谁都不能逃出"标准"的桎梏,因此成为标准制定者,是企业追求的极致目标。如何才能制造标准,对不同的企业来说也是不一样的。比如对于微软、高通等这些本来就是标准制定者的大公司来说,它们的优势已不在自己研究开发了多少技术产品,而在吸收和利用他人的技术和知识,来形成自己谋得超额利润的标准。

当今世界新技术层出不穷,产品更新很快,对于一些凭借技术优势晋升标准制定者之位的企业来讲,想让自己的标准一直成为行业标准并不现实。所以,它们会走技术输出路线。因为技术输出可以收取技术转让费用,加快技术研发成本的回收,并有资金投入到对新技术的研发中。而且,技术输出有助于拓宽技术的使用范围,扩大产品销售量,提高市场占有率和产品影响力,可以使自己尽快成为"主流",进而掌握更多的主动权。

过度竞争:我不好过,也不让你好过

有些经济学家认为,过度竞争是指:在集中度低的产业中,尽管许多企业利润率很低或者陷入赤字状态,但生产要素和企业却不能顺利地从这个行业中退出,长期保持低利润率或是负的利润率的一种状态。

而有的经济学家认为,在恶性竞争过程中,企业为了维持生存,不得不将产品价格降低到接近或低于平均成本的水平,使整个产业中的企业和劳动力等潜在可流动资源只能获得远低于社会的平均回报和工资水平,但又不能顺利从该产业退出。

不管是哪种定义,都可以从中看出,过度竞争的结果都是"损人不利己",比如,我们常见的价格战、广告战等就是过度竞争的一种表现。尤其在快消品、互联网、家电等行业,过度竞争此起彼伏。为了排除异己,会采用各种各样的手段,如黑公关、口水战、终端封杀、贴身肉搏、诉讼等,攻击对手的同时,自己也付出了高昂的代价,却看不到什么收益。

值得注意的是,许多恶性竞争都发生在一些特定的行业。通常,这些行业具有这么几个特点:

一是发展尚未成熟,企业座次不稳定,尤其是末尾的企业面临着生存危机,如果不抢先得一杯羹,就有被淘汰的风险。

二是行业市场本身是红海,因市场容量有限,蛋糕就那么大,你吃多一点,我就少一点,此消彼长。所以,大家只能从对手那里抢份额。

三是行业内缺少独一无二的核心技术，大家都是靠生产或销售低附加值的产品与服务生存，赚的都是辛苦钱。

对过度竞争行业来讲，企业之所以痛苦不堪，却又不情愿退出，原因在于，这些行业存在"进入过度"与"退出限制"。如果进入某个行业的成本非常低，那么许多新企业就会不断涌入这个行业，导致市场的过分拥挤。而当它们体会到竞争之激烈、赚钱之不易时，突然发现：哎，进门容易出门难哦。因为退出成本很高，所以大家就产生了"我不好过，也不让你好过""要死也要一起死"的心态，怕自己退出后便宜了对手，所以不赚钱也要耗着。

对于过度竞争，也有人持不同的观点：没有竞争就没有进步，没有恶性竞争也许就没有突破性进步，过度竞争会把人类智慧逼到极致。比如，如果没有第二次世界大战，就不会有原子弹，也不会有导弹，更不会有喷气式飞机，电脑计算机就更不敢想象了。如果没有美苏的恶意竞争，也不会有卫星和人类登月……

当然，这就属于仁者见仁，智者见智了。总体而言，过度竞争弊大于利，是各个行业、企业所不愿意面对的。也许，消费者可能从最初的过度竞争中获益，但长久来看，一定会成为这种竞争的受害者。

第十章

经济陷阱——居安思危，看到繁荣背后的危机

有人说，让经济学治疗经济危机，如同让感冒病毒去治疗感冒。因为经济学所处的世界，和现实中所发生的经济行为，并不是同一个世界。它们分处两个完全不同的世界，不仅不能互相理解，甚至无法通约。这种不可通约，近乎生与死两个世界之间的鸿沟。事实真是这样的吗？

中等收入陷阱：一道迈不过去的坎？

"中等收入陷阱"是世界银行在2006年《东亚经济发展报告》中提出的一个概念。它是指当一个国家的人均收入达到世界中等水平后，由于不能顺利地转变经济发展方式，致使新的增长动力不足，因而出现经济停滞徘徊的一种状态。

比如，有些国家在人均国民收入达到3000美元以后，经济便陷入长期的停滞状态，在很长一段时间内无法成功跻身高收入国家行列——既无法在工资方面与低收入国家竞争，又无法在尖端科技方面与富裕国家抗衡。

典型的陷入中等收入陷阱的国家有拉美国家。还有一些东南亚的国家在20世纪80年代和90年代前半期曾发展迅速，进入了中等收入国家行列，被称为"亚洲奇迹"。但后来，这些国家也停滞不前了。

那为什么会出现中等收入陷阱呢？世界银行报告认为，造成中等收入陷阱的原因有以下几个：

第一，错失发展模式转换时机。比如，以南美阿根廷为代表的拉美国家，在工业化初期，实施进口替代战略后，没有及时转变发展模式，一直维持"举债增长"，使进口替代战略延续了近半个世纪。而亚洲的马来西亚等一些国家则是因为国内市场太小，长期实施出口导向战略，致使其过度依赖国际市场，所以非常容易受到外部的冲击。

第二，没有突破技术创新瓶颈。当一个国家进入中等收入阶段后，会逐渐失去成本优势，特别是在低端市场，很难与低收入国家竞争。同时，在中高端市场，研发能力和创新方面又无力与高收入国家抗衡。因此还会让自己处于一种被上下挤压的环境中，进而失去增长的动力。

第三，不重视公平发展。以拉美国家为例，有些国家进入中等收入阶段后，收入差距迅速扩大，导致中低收入居民消费严重不足，消费需求对经济增长的拉动作用减弱。如20世纪70年代，拉美国家基尼系数高达0.44~0.66，巴西到90年代末仍高达0.64。贫富分化严重，引发社会动荡，所以政权更迭频繁，对经济发展造成严重影响。

第四，宏观经济政策出现偏差。如果宏观经济管理缺乏有效制度框架，政策缺乏稳定性、政府债台高筑，或者出现通货膨胀和国际收支不平衡等情况，会造成经济的大幅波动，从而对经济持续增长造成严重影响。

第五，体制改革严重滞后。在一个国家，如果经济财富过度集中，利益集团势力强大，造成寻租、投机和腐败现象蔓延，那市场配置资源的功能便会受到严重扭曲。这也是造成经济停滞不前的一个重要原因。

改革开放初期，我国的发展也是依赖于资源消耗和劳动密集型产业，经历了一段时间的高速发展后，如果还以资源消耗和劳动密集型产业为主来发展，就很容易陷入"中等收入陷阱"，所以，我国提出了供给侧改革战略，要去产能、去库存、去杠杆、降成本、补短板，就是要改变原来的发展模式，加大创新力度。这样才能给我们的经济发展提供长足动力。

热钱炒作：来也匆匆，去也匆匆

曾经，网络上有一些流行语，如"豆你玩""蒜你狠""糖高宗""姜你军"等等。在市场供需稳定的情况下，像绿豆、大蒜、白糖、姜等这些平淡无奇的产品价格竟然翻着跟头往上涨，成为人们餐桌上的奢侈品。这些产品的价格为什么会出现暴涨，一个重要的原因就是：热钱炒作。这种实物炒作类似于炒股，使产品的价格严重脱离其价值，进而从中谋暴利。

炒作是一种老生常谈的商业技巧，很好理解，即为了扩大人或事物的影响而通过媒体反复宣传的现象。炒作多少都有一些夸大其词的贬义成分在里面。

热钱，又叫逃避资本，它是指为追求高收益及低风险，而在国际金融市场上迅速流动的短期投机性资金。以追求汇率变动利益的投机行为为例，本币汇率预期改善、利率高于外币，从而形成汇差，是国际热钱流入增多的主要原因。同时，外汇管理体制中出现的一些监管漏洞，也会为国际热钱的进出提供便利条件。

在市场中，热钱就像水，多了会成灾，尤其是当它在短时间内大量流向某个领域，或是行业，或者是一个国家时，会严重影响正常的经济秩序，扰乱市场，甚至会冲垮一个国家。

一般国际热钱流向两个热源：其一，短期利率正处在波段高点，或还在走高；其二，短期内汇率蓄势待发，正要升值。一般来说，一个国家的经济正在快速、平稳发展，国民所得正在成长，股市正待上扬，这都能吸引各种热钱进来。但是，热钱是唯利是图的，不讲一点情面，更无忠诚可言，当一国相对于他国短期利率较低，或是短期内汇率正在走低，那热钱就会再度流出。

所谓热钱流出，就是变卖本国货币计价资产，如外资拥有的股票、国债、投机性土地等，大量变卖，换成他国货币之后，倾巢汇出。以上一进一出，如果间隔时间短而流量大，将造成本国股市、债市、房市暴起暴跌。

在我国，热钱在赌人民币升值预期的同时，乘机在其他市场如房地产市场、债券市场、股票市场等不断寻找套利机会。如最明显的莫过于房地产市场，特别是在房价直线上升的时候，一些套利资本相继进入了房地产市场。许多房地产开发商之所以不愿意降低房价，一个很重要的原因就是对国际热钱心存幻想。

热钱进入一个国家的渠道多达十余种，下面我们主要介绍其中的六种：

1. 虚假贸易

在这一渠道中，国内的企业与国外的投资者可联手通过虚高报价、预收货款、伪造供货合同等方式，把境外的资金引入境内。

2. 增资扩股

既有的外商投资企业在原有注册资金基础上，以"扩大生产规模""增加投资项目"等理由申请增资，资金进来后实则游走他处套利；在结汇套利以后要撤出时，只需另寻借口撤销原项目合同，这样热钱的进出都很容易。

3. 货币流转与转换

市场中有段顺口溜："港币不可兑换，人民币可兑换，两地一流蹿，一样可兑换。"这形象地说明了热钱的流入方式。相关部门在检查中发现，通过这样货币转换和跨地区操作的方式，大量热钱可以"自由进出"。

4. 地下钱庄

外资进出最快速、最便捷的方式就是地下钱庄。一般，地下钱庄的运作过程是：如果你在境外某地把钱汇到境内某一个指定的账户，被确认后，内地的地下钱庄便会帮你开个户，将你的外币转成人民币。可见，外资通过地下钱庄进入内地非常便利，根本不需要人带着外币进来。

5. 货柜车夹带现金

有些企业会以发工资等名义，通过货柜车夹带外币进出一些港口。如果一个企业有多部货柜车，一部车跑一两趟很普遍，每趟夹几十万外币，即便被海关查到了，也会给出"合理"的解释。通过这种方式，有些企业慢慢地转变为"地下钱庄"，大批量帮别人夹带现金。

6. 赡家款

海外华侨对国内亲属汇款被称之为赡家款，近些年，这个数字出现大幅增加。这其中，有一些用于"赡家"的款项其实是热钱。相当多的热钱是通过这种渠道进来炒股、买房。

热钱向一国流入是受多种因素驱动的：既可以规避国际金融动荡风险，也可以对某种货币套汇套利，还可以对某个行业进行投机。

大量的热钱进入，不但会扰乱金融体系的正常运行，加剧通货膨胀的压力，而且会加大流入国货币的升值压力。相反，如果热钱大规模迅速流出，就会使一些投机气氛较大的市场价格大幅波动，如房地产价格迅速回落、债券价格以及股票市场大幅震荡等。

第十章 经济陷阱——居安思危，看到繁荣背后的危机

次贷危机：都是金融衍生品惹的祸

2007年，美国爆发了次贷危机，其以强大的破坏力，从美国一直影响到欧洲、日本，甚至波及全球。其破坏的领域从信用贷款市场一直延伸到全球的资本市场，以及经济领域的各个方面。至2008年9月，全球的经济都受到了美国次贷危机不同程度的破坏。据估计，全球经济因次贷危机所造成的损失已经超越了5000亿美元，资产的缩水和信贷危机的损失巨大。

当时的世界银行高级副行长、首席经济学家林毅夫说："美国金融危机给世界两大教训：第一个要吸取的教训就是，不能为了解决一个问题去创造一个更大的问题；第二个教训是，要关注金融创新的隐患。美国金融衍生品越搞越复杂，监管又没跟上，这就对房地产市场泡沫的形成起到了推波助澜的作用。"

在讲次贷危机之前，我们先来了解一下什么叫次贷。通常，放款机构将客户分为两类：优质客户和非优质客户。所谓优质客户就是有能力偿还贷款的客户，相对应的，非优质客户就是还款能力有问题的客户，为没有还款能力客户发放的贷款就是次贷。在理解了次贷后，再来理解次贷危机就相对容易一些。

次贷危机又称次级房贷危机或次债危机。具体来讲，2007年由于美国次级抵押贷款机构的大量倒闭，投资基金在众多压力下被迫关门，股票市场因此发生了剧烈的动荡，从而引起了金融界的一场经济危机。

2007年，爆发危机之前的一段时间，美国的房产价格不断攀

升，这时银行贷款利率非常低，大量的人都涌向了房产市场，但是随着经济周期的发展，房屋不断转手，房价不断上涨，最后一批接盘的人被压得喘不过气来。但真正引起次贷危机的是资金端，因为银行用于房贷的钱不是自己的，而是从其他地方融来的。

本来，美国政府通过零首付的形式，把房子给了美国低收入群体，然后让他们慢慢还贷，而美国低收入群体购房，导致了美国房价的大涨。随着美国房价的上涨，次贷群体越来越庞大，作为专业从事房贷业务的金融机构房利美和房贷美就想将这部分不良资产变现，于是把次贷打包成金融衍生品出售。次贷危机的爆发，导致了许多金融机构和银行倒闭，有的银行不得不向美国政府求助。

为了应对这场危机，美联储宣布量化宽松的货币政策，也就是想通过印钞票来稀释危机，但是大量的流动性没有留在美国，而是跑到了一些新兴市场国家。结果，间接推升了新兴市场国家的资产泡沫。

次贷危机的引发通常是从房地产市场开始的，房地产市场过热，会导致人们争相投资房地产，这就造成了社会对贷款的旺盛需求。但是，并不是所有的人都符合银行发放贷款的条件，这个时候银行或是金融机构为了提升自己的贷款收益率，就会衍生出一种叫作次级信用贷款的品种，这种品种对贷款人的信用等级和还款能力的要求都相对较低。

在房价暴涨的时候，次级贷款人也可以通过贷款购买房屋，然后持有一段时间之后卖出，获取房价上涨带来的买卖差价，然后偿还银行或是金融机构的贷款利息。但是，房价不可能一直保持高增速。为了房地产市场的健康发展，各国政府都会积极地进行调控，这个时候，房价一旦下跌，房产需求就会减少，次级贷款人手中的房屋便很难高价卖出，这就容易出现贷款违约。如果

第十章 经济陷阱——居安思危，看到繁荣背后的危机

一家银行或是金融机构的贷款用户中次级贷款人占比较大的话，就会形成大量的坏账，最终可能导致银行或是金融机构的破产，从而引发次贷危机。

次贷危机会对房地产市场和金融市场造成非常大的影响。通常，次贷危机会强行挤压或刺破房地产泡沫，这样一来会导致社会环境的动荡，增加人们内心的不安，进而引发全球财务杠杆系统的崩塌。同样，次贷危机的发生会导致股市的崩盘，因为这个时候全球的信用制度面临崩溃，无论是金融机构，还是普通投资者都更加倾向于持币，而不是投资，最终导致股市的瘫痪，甚至是整个金融体系的瘫痪，人们对政府失去信心，国内经济一片黯淡。

一旦发生次贷危机，各国政府一般会通过降低基准利率来刺激国内经济的复苏，提振民众的生存信心，然后在经济复苏期再度通过逐渐提高基准利率来抑制经济的过热，防止通胀以及经济危机的发生。

庞氏骗局：拆了东墙补西墙

庞氏骗局是一种古老而又常见的投资诈骗术，这种骗术是由投机商查尔斯·庞齐"发明"的。它常用高回报率做诱饵，诱骗投资者的本金，也就是大家常说的："你贪图别人的利息，别人却惦记着你的本金。"现在，在世界范围内，每年仍有许多投资者因庞氏骗局而血本无归。

那查尔斯·庞齐是何许人，竟如此神通广大？他是一个意大利人，在1903年移民到美国。在美国从事过许多种工作，并且还因为走私，在加拿大被监禁过一段时间。从事过许多份工作却没有赚到钱，这让他非常郁闷。庞齐的脑子比较灵活，经过一段时间琢磨，他发现玩金融来钱快，于是于1919年来到了波士顿。

在那里，他设计了一个投资计划，大肆向美国人兜售，宣称只要购买欧洲的某种邮票，到美国出售就会赚取巨额的利润，而且还故意把这种交易弄得非常复杂。为了吸引更多的人投资，他又称，凡是投资的人在45天之内都可以获得50%的回报，并且确实兑现了：第一批投资者的确得到了50%的收益率。此后一年的时间里，差不多有4万的波士顿市民，疯狂地投资庞齐的这个项目，这些投资者大多是想一夜暴富的贫民。庞齐很快住上了豪华的别墅，买了100多套昂贵的西装，还给情人买了许多的金银首饰，俨然是一个超级富翁。

但是，纸终究是包不住火的，当他无法募集到更多的钱支付

第十章 经济陷阱——居安思危，看到繁荣背后的危机

之前投资者的利润时，戏便无法继续演下去了，顷刻间，无数人的财产化为乌有。庞齐因此被判了五年。之后，历史上又多了一种骗术，而且是以"发明"者命名的骗术——庞氏骗局。

自从出现庞氏骗局，许多人都利用它行骗，并且，这种骗局还衍生出许多变种，方法也越来越隐蔽，因而从来不乏上钩的鱼儿。有史以来最大的一起诈骗案——麦道夫巨额诈骗案，涉案资金高达500亿美元，使用的方法也是庞氏骗局。提到伯纳德·麦道夫，不得不说，这是一个传奇人物。他是纳斯达克市场董事会主席，身兼美国证监会顾问的职务，被公认为是华尔街的奠基人。

1990年，麦道夫成立了一家资产管理公司，并通过客户介绍客户的方式募集了一大笔资金。表面上看来，该基金不断做着购买大盘增长基金和定额认股权等生意，并且每月能够保证有1%的收益，一直被人们当作稳健的投资品种。就这样，20年间他都保证每年10%～15%的收益率，就连2008年美国标准普尔指数下降37.7%的情况下，也保持了这个增长率，实在令人叫绝。

但是随着危机的显现，越来越多的投资者希望能够持有现金，对麦道夫投资的人越来越少，最终资金链出现问题，骗局败露。

2009年6月29日，麦道夫被纽约南区联邦法院判处150年监禁。这次庞氏骗局最大的受害者名单上甚至有汇丰银行、法国巴黎银行、西班牙金融大鳄桑坦银行等国际顶级银行——这可都是一些拥有丰富专业经验的机构。可以想见，如果不是出现金融危机，麦道夫的庞氏骗局还将继续演绎下去。

在庞氏系列骗局中，骗子一开始会显得非常守信，入伙者确实能够按时足额拿到收益返还。通过这种手法，很容易建立起自己的"信誉"，而尝到了甜头的首批参与者，也会在自己的生活圈

子中有意无意地扮演起人肉广告的角色,吸引更多的身边人加入这个游戏中,于是骗局就如雪球般越滚越大。

和一般的金融诈骗相比较,"庞氏骗局"受害者更多,影响面更广,危害程度更深,隐蔽性更强,具有更大的社会危害性。但是,这种骗术的手段并不高明,它常以高额回报为诱饵。所以,当一项短期投资承诺较高的回报,而与其本身的业绩不相称时,投资者就应该想想其中的猫腻。

经济周期：该来的终究会来

经济周期一般是指，经济活动沿着经济发展的总体趋势所经历的有规律的扩张和收缩。它显示了国民收入或总体经济活动扩张与紧缩的交替或周期性波动变化。曾经，把经济周期分为繁荣、衰退、萧条和复苏四个阶段，对应图形的紧缩、谷底、扩张和峰顶四种状态。

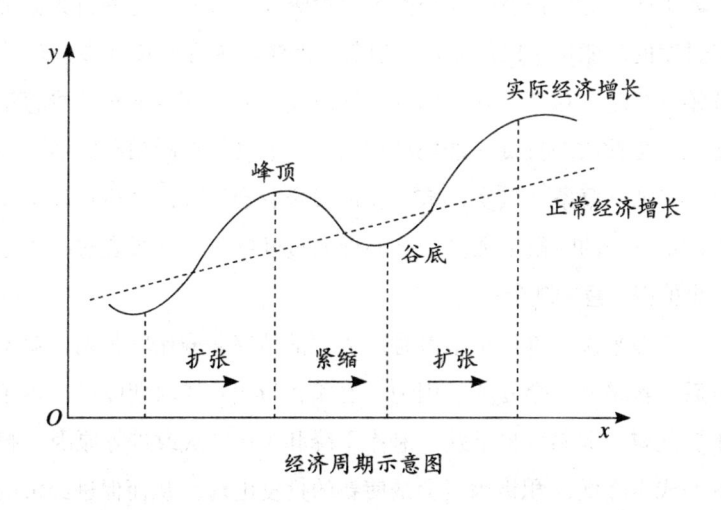

经济周期示意图

一位著名的经济学家曾经这样描述：在繁荣之后，可能会出现恐慌和暴跌，经济扩张因此让位于衰退，国民收入、就业和生产下降，价格和利润下降，工人失业。当经济到达最低点以后，便开始进入复苏阶段，复苏既可以是缓慢的，也可以是快速的，新的繁荣阶段表现为长期持续旺盛的需求、充足的就业机会以及增长的国民收入。

没有一个国家或地区可以避免经济周期性的波动。对于一个国家而言，准确把握经济运行趋势，采取合适的经济对策与调控措施，可以有效地防范经济剧烈震荡。对于企业来说，正确估计市场情况，据此来调整业务规模，优化资产与负债的比例，也是至关重要的。对于个人投资者而言，在选择合适的投资策略时，绝不能无视宏观经济周期的存在。顺应经济周期，做出合理的投资策略选择，可以获得更多的投资收益。尤其在经济萧条时，投资者更要捕捉市场机会，从而获得更高收益。

在经济蓬勃发展时，人们的预期会非常乐观，所以会进一步扩大生产、过度消费、参与高风险投资等。其实，这些行为会带来过度的产能扩张以及非理性的资产泡沫。而在泡沫破裂、经济开始下行时，由于产业之间的相互波及，企业家普遍对前景感觉悲观，由此收缩投资，居民减少消费。悲观情绪的相互传染，会进一步加剧萧条。其实，有经验的投资者会发现，转机往往会在人们最悲观的时候出现。社会心理的过度反应，在投资过程中是一个值得注意的现象。

一般来说，在经济下滑时，人们的情绪普遍比较悲观，萧条过后，经济必然会复苏。因为，在萧条持续一段时期以后，由于工资削减、原料价格下跌、利率下降和生产方式改进等原因，投资的成本降低，积极因素会诱使新的投资出现，从而促进经济的复苏。

经济周期成因在不同的社会条件下，会有不同的表现形式，并产生不同的组合与作用，所以每次经济周期的具体进程也不相同。

第十一章

政策与调控——无规矩，不成方圆

　　任何一个市场都有弊端，为保证经济平稳、有序发展，不出现混乱，国家常用政治或是经济的手段来制约一些对经济发展不利的投资。否则，凭着市场规律自己发挥作用，而不进行必要的干预与监管，最终只会出现垄断，进而破坏自由、竞争。所以，在尊重市场调节的前提下进行经济调控，是许多国家的通行做法。

税收杠杆：国之税收，民邦之本

在国家进行宏观经济调控时，经常会使用税收杠杆。税收杠杆是指国家依据税法，通过调整征纳关系及纳税人之间利益分配关系，来调节社会经济生活的功能。国家可以通过对税种的设置、税率的设计，实行减税、免税、退税，以及规定起征点和免征额等鼓励或限制性措施，诱导纳税人的生产经营决策和消费选择与国家经济发展规划相一致。

也就是说，国家通过税收给予纳税人以有利或不利条件，引导其经济行为服从于宏观经济计划的要求。运用税收杠杆可以弥补和纠正市场机制的缺陷。

从古至今，税收都是国家财政收入的主要来源。税收关系到社会的稳定、发展与和谐，是一个国家的立国之本。正所谓"国之税收，民邦之本"。

税收是历史发展的必然结果，由于国家的产生，必须拥有一定的财政基础才能保证实现国家职能，因此就出现了税收。税收是国家为实现其职能，凭借政治权力，依靠法律取得的收入。

总体来说，税收主要有三种：

一是关税。关税是一种类似于保险性质的税收，是在国家之间进行的税收。关税其实是对商人的保护，也是各国对自己经济的保护，所以关税的税率不应该过高，而且必须建立一个严密的网络来征税。

二是生存税。这是最古老的一种人头税，即政府可以按照人头来征税，也可以根据一个人的身份地位来征税。比如，一个人有许多财富，因此要交不少税，理由是，他的生存需要占用更多的资源。而一个穷人，他的生存对资源的消耗较少，所以交的税也就少些。一个富翁可能每天要消费三瓶红酒，十块面包等等，而一个乞丐只需要两块黑面包加上三平方米睡觉的地方就可以了。所以，对他们征收一样的人头税显然是不合理的。那么这种税该如何变通呢？这即是我们现在所说的所得税。所得其实意味着所消耗的，也就是说，他的生存占据了更多的资源，需要为此付出更多的代价。

三是经济税。也就是各种具体税种了，比如农业税、车船税、消费税、资源税、城市维护建设税、房产税、城镇土地使用税、土地增值税等等。

我国税收的本质是"取之于民，用之于民"。国家运用税收筹集财政收入，按照国家预算的安排，有计划地用于国家的财政支出，为社会提供公共产品和公共服务以及发展科学、技术、教育、文化、卫生、环境保护和社会保障等事业，改善人民生活。

拉弗曲线：税率越高政府越富？

在20世纪，阿瑟·拉弗是美国知名度较高的经济学家，也曾是里根总统的经济顾问，为美国政府推行减税政策出谋划策。他通过分析政府收入与税率之间的关系，提出了著名的"拉弗曲线"原理。

所谓拉弗曲线，即指在一般情况下，税率越高，政府的税收就越多；但税率的提高超过一定的限度时，企业的经营成本会提高，投资就会减少，进而导致收入减少，即税基缩小，结果使政府的税收减少。

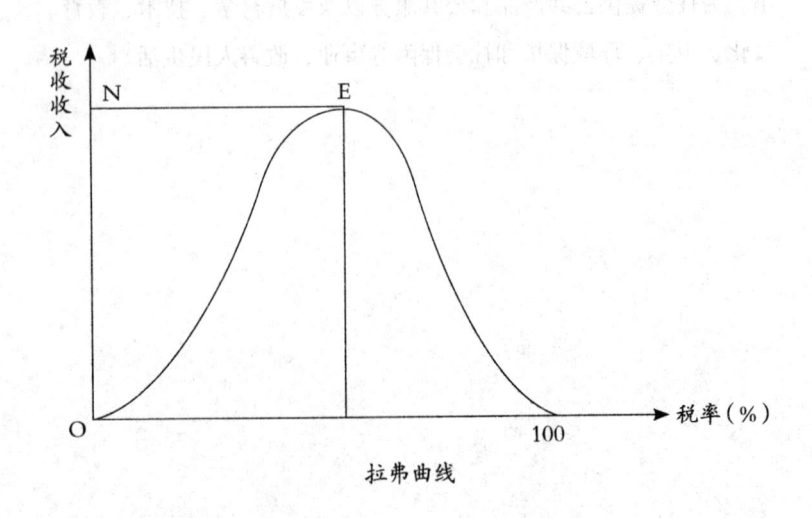

拉弗曲线

拉弗曲线的原理很好理解。在拉弗曲线中，政府收入和税率之间的关系像一条抛物线。当税率为0时，政府收入为0；而当税率为100%时，政府的收入也为0。当税率处于某个点（上图中的E点）时，政府的税收收入最多。

20世纪70年代，美国进入经济滞胀期。有一次，在一个宴会中，拉弗遇到了当时福特总统的助理切尼。拉弗告诉切尼，只有适当地减税，才能使美国摆脱"滞胀"的困境。拉弗即兴在餐桌上画了一条抛物线，指出：税率为零时，税收自然也为零；而当税率上升时，税收也逐渐增加；当税率增加到某一点时，税收额达到抛物线的顶点，这就是最佳税率，如再提高税率，税收额将会减少；若税率达到100%，货币经济中的全部生产都会停止。因为这时人们的所有劳动成果都被政府征收了，他们自然不愿意工作，由于生产中断，没有什么可供征收，政府的收益也就等于零。

之后，拉弗曲线得到里根的认可，他据此制定了"里根经济复兴计划"，并把它作为竞选总统的策略。里根就任总统后，拉弗也成了里根的经济顾问。此后，里根政府以拉弗曲线为依据，提出了一套以减少税收与政府开支为主要内容的经济纲领，并使美国经济走出了滞胀。可以说，拉弗曲线理论为美国经济的重新繁荣立下了汗马功劳。

其实，拉弗曲线所讨论的问题非常古老，而且很早之前就有人进行过阐述。比如，我国古典名著《管子》中就有"取民有度"一说，即把制定适当的税收标准作为治国安邦的根本政策。历史巨著《史记》的作者司马迁曾提出"善因论"的经济思想，他认为，对于普通百姓的经济活动，政府应采取"善者因之，其次利道（导）之，其次教诲之，其次整齐之，最下者与之争"的策略。

也就是说，最好的经济政策是顺应和听任，人们进行生产、贸易等经济活动，不要妄加干预、进行不必要的诱导和教化、鼓励或告诫人们应该或不应该参与哪些经济活动，必要时进行一定的调节和限制,"与民争利"是最不好的经济政策。他认为:农工商等经济活动是"衣食之源",个人为了自己的利益而从事经济活动,就扩大了衣食之源,"上则富国,下则富家";如果个人的经济活动受到了限制或阻碍,衣食之源就会萎缩,既不会利家也不会富国。这里所说的,其实就是制定优惠的税收政策,改善投资环境,吸引社会力量和外资前来投资兴办实业,以扩大税基,增加税源,增强政府的财力,加快经济发展。

当然,拉弗曲线最重要的意义就在于它的明确、简单且模型化。它不但具有财政意义,而且还可以指导政府通过税收调节社会经济,并使人们清晰认识社会经济的现状。

第十一章 政策与调控——无规矩,不成方圆

印花税:拔最多的鹅毛,听最少的鹅叫

如果从字面意思来理解,印花就是图章、印章。那印花税就是对文件上的图章征税。具体来说,什么是印花税呢?印花税是以经济活动中签订的各种合同、产权转移书据、营业账簿、权利许可证照等凭证文件为对象所征的税。比如甲将其手中的股票转移给乙,就属于产权转移,需要缴纳印花税,这种印花税称为证券交易印花税。印花税是一种良税,政府可以通过征印花税来增加财政收入。

公元1624年,荷兰政府财政出现困难。当时的掌权者是莫里斯,为了解决财政上的亏空,他决定增加税收,但是,又害怕征税引起人民的反抗。于是,他找来一些大臣商议,最后大家一致认为,用公开招标的方法来征集好的税收设计方案。结果,从成千上万个应征方案中选择了印花税。

为什么只看中了印花税呢?因为在平时的生活中,人们经常使用契约、借贷凭证之类的单据,所以税源非常庞大。而且人们都希望在自己的契约上能盖个政府的公章,那样有政府的承认就保险多了,在产生纠纷的时候就有了法律保障,所以纳税的积极性较高。从那之后,许多国家相继效仿,印花税逐渐成为世界各国普遍采用的一种税种。

印花税不仅可以增加政府的财政收入,而且也是政府调控宏观经济的重要手段之一。比如,当政府认为房价涨得太快,交易过于频繁时,便可以将房产转让时的印花税调高一些,这样,房

屋交易的成本就高了，交易数便会减少。

证券交易印花税税额占我国财政收入比重较低但波动较大。1988年至2017年，全国累计征收印花税21450亿元，年均增长19.1%。其中，2017年征收印花税2206亿元，占我国财税总收入的体量只有0.6%左右。

2002-2017年证券交易印花税占财政收入的比例（%）

印花税可以改变投资者的交易成本，这使印花税成为政府调控市场，尤其是股票市场的重要工具。在经济全球化趋势越来越明显、资本跨国流动越来越方便的条件下，不同国家之间的资本市场竞争成为国家竞争的重要战场。

在这种经济环境下，证券交易印花税在一定程度上降低证券价值，促使投资人减少在国内的交易，增加在国外离岸金融市场的交易，从而损害本国金融市场的长期竞争力。也有人认为，取消印花税的确是大势所趋。但目前来看，印花税依然是一种重要的经济调控手段。

第十一章　政策与调控——无规矩，不成方圆

增值税：貌似不"公平"，但很合理

从理论上来说，增值税是以单位和个人生产经营中取得的增值额为课税对象的一种税。这是书面的说法，马克思的《资本论》中有一个基本公式：C=V+M。C表示产品的价值，V表示劳动力价值，即成本，M表示额外的附加值。理论上讲，增值税就是对这个所谓的M征税。

但是，在现实经济中，商品和服务的增值部分，即M往往是难以计算的，如果没有一种简便的增值税征收办法，增值税就不可能真正地推行开来。那政府是如何简便而有效地征收增值税呢？这里，必须先了解一下进项税额和销项税额。进项税额的计算公式为：

进项税额=所购货物（或应税劳务的买价）×税率

而销项税额的计算公式为：

销项税额=销售额×税率

对于一般纳税人而言，其应纳的增值税税额为当期销项税额减去当期进项税额。用公式表示为：

当期应纳税额=当期销项税额-当期进项税额

我们举一个简单的例子。比如汽车厂商A决定向钢材厂商B购买1000吨优质钢材用以生产汽车底盘。B厂的优质钢材出厂价为每吨3000元，那么这1000吨优质钢材的出厂价总共为300万元。A若是想取得这一批钢材，却必须向B支付351万元，其中300万元为销售额，51万元（300×17%）为增值税税额。对A厂来说，这51万元为进项税额；对B厂来说，这51万元为销项税额。

假设A销售汽车100台，总销售额为1000万元，其向顾客收取的价款为1170万元。对A来说，这170万元（1170-1000）万元就是增值税销项税额，那么A应纳的增值税税额为销项税额减去当期进项税额，即170-51=119（万元）。

但是，营改增之前，营业税是环环征税，环环扣税。举个例子：

一件衬衣的营业税税率为5%，生产环节的销售收入为60元，应纳税额为60元×5%=3元；批发环节销售收入为80元，应纳税额为80元×5%=4元；零售环节销售收入为100元，应纳税额为100元×5%=5元。则衬衣的整体税负在生产、批发、零售三个环节分别为5%、8.75%、12%，呈阶梯式递增。

从中可以看出，营业税是环环扣税：上下游的纳税人都要缴税，流转环节越多，重复征税现象越严重。相对而言，增值税如同一条环环相扣的链条，逐环节扣税，每个环节只承担自己增值的那一部分价值所产生的税负。这样，增值税就成为一种间接税，上家不承担下家的税负，下家也不承担上家的税负，最后承担税负的是谁呢？答案是最终的消费者！产品不再流转，所有的税都由消费者买单了。所以缴纳了增值税，不要认为自己就是纳税人了，你其实只是一个负税人，最后买单的消费者才是真正的纳税人。相比营业税而言，增值税只就增值的部分征税，解决了重复征税的问题。

那增值税对消费者是否公平呢？如果只就自己增值的部分交税，那增值税是相对比较公平的。但是，销售货物税率为16%，搞建筑的为10%，做软件开发的为6%，税率两三档，有的高有的低，这样看起来也不公平，还有的行业不同，经营者不同，甚至国家会减免税收，这样一看，显得更不公平。但是，税收具有强制性，税负没有绝对的公平，只有相对的公平！

第十一章 政策与调控——无规矩，不成方圆

所得税：财富分配的一把利器

所得税又称所得课税、收益税，指国家对法人、自然人和其他经济组织在一定时期内的各种所得征收的一类税收。"所得"是税收上的一个很重要的概念。由于认识角度的不同，人们对"所得"也有着不同的理解。从经济学的角度来看，所得是指人们在两个时间点之间以货币表示的经济能力的净增加值。所以，所得就应该包括工资、利润、租金、利息等要素所得和赠与、遗产、财产增值等财产所得。

一般所得税可划分为个人所得税和企业所得税两大类。个人和企业所得税与我们的生活紧密相关，所以有必要了解一下个人与企业所得税及其征收的方法。

1.个人所得税计算方法

个人所得税一般实行累进征收，即税率随个人收入增加而递增，低收入者使用低边际税率，高收入者使用高边际税率。当然，也可以进行标准扣除和单项扣除，扣除随个人收入增加而递减，低收入者扣除占收入比例高，高收入者扣除占收入比例低。这样通过累进税率和标准扣除，达到累进征收、缩小个人税后收入差距的目的。

级数	全月应纳税所得额	税率（%）	速算扣除数
一	不超过 3000 元的	3	0
二	超过 3000 元至 12000 元的部分	10	210

三	超过12000元至25000元的部分	20	1410
四	超过25000元至35000元的部分	25	2660
五	超过35000元至55000元的部分	30	4410
六	超过55000元至80000元的部分	35	7160
七	超过80000元的部分	45	15160

个人所得税扣除标准

举一个例子：

某人于2018年12月取得20000元工资收入，在不考虑其他所得及专项附加扣除项目的情况下，如果五险一金为4000元，再减去个税草案中的费用扣除标准5000元，实际应纳税所得额为20000元-4000元-5000元=11000元，再用11000元去找对应的级数，由于11000元在3000元和12000元之间，应选择第二级，即适用10%的税率和210元的速算扣除数。

计算方式：11000元×10%-210元=890元。所以这个人在2018年12月应缴纳个人所得税890元。

2.企业所得税计算方法

企业所得税=应纳税所得额×税率

应纳税所得额=收入总额-不征税收入-免税收入-各项扣除-以前年度亏损

比如：

有一家企业为居民纳税人，所得税税率为25%，2018年度该企业有关经营情况如下：

（1）全年实现产品销售收入6800万元，取得国债利息收入120万元。

第十一章 政策与调控——无规矩，不成方圆

（2）全年产品销售成本3680万元。

（3）全年营业税金及附加129.9万元，其中，上缴消费税81万元，城市维护建设税34.23万元，消费税附加14.67万元。

（4）全年产品销售费用1300万元（其中广告宣传费用1150万元）。

（5）全年管理费用1280万元（其中业务招待费用84万元）

（6）全年的财务费用为90万元。

（7）全年营业外支出36万元（包括行政罚款3万元，及某贫困地区捐赠5万元）。

（8）企业注册职工人数为250人，本年工资支出1780万元，职工福利费260万元，职工教育经费40万元，拨缴工会经费35.6万元。上述职工薪酬支出已包含在各项成本费用中。

那这家企业2018年的利润总额是多少？该缴纳多少所得税？

解答如下：

企业的利润总额=6800+120-3680-129.9-1300-1280-90-36=404.1万元

需要调整的项目如下：

（1）国债利息收入不交纳企业所得税，所以调减120万元。

（2）广告宣传费的扣除限额=6800×15%=1020万元，小于本期发生额1150万元，所以调增130万元，这130万元可以结转以后年度扣除。

（3）业务招待费：84×60%=50.4万元，6800×0.5%=34万元，因为34＜50.4，所以本期业务招待费的扣除限额为34万元，应调增84-34=50万元。

（4）新产品研发费用可以加计扣除50%：150×50%=75万元，应调减75万元。

（5）职工福利费扣除限额：1780×14%=249.2万元，小于本期

发生额260，应调增10.8万元。

（6）行政罚款3万元不允许税前扣除，捐赠的5万元也不可能前扣除，应调增8万元。

综上所述，企业所得税应纳税所得额=404.1−120+130+50−75+5+10.8+8=412.9万元

当年企业所得税税额=412.9×25%=103.225万元

通过征收所得税，客观上也会影响纳税人的行为，从而达到一定的调节目的，导致社会财富的再分配。尤其对社会分配不公、收入相差悬殊的现象，所得税更能扮演财富分配"利器"的重要角色。

第十一章 政策与调控——无规矩，不成方圆

货币政策："美元总统"真不是盖的

货币政策也就是金融政策，是指中央银行为实现其特定的经济目标而采用的各种控制和调节货币供应量和信用量的方针、政策和措施的总称。货币政策的实质是国家对货币的供应根据不同时期的经济发展情况而采取"紧""松"或"适度"等不同的政策趋向。

1987年由美国前总统里根任命的艾伦·格林斯潘执掌美联储，一直到2005年本·伯南克接替格林斯潘，出任下任美联储主席。格林斯潘为白宫工作18年，历经里根、布什、克林顿、小布什四位总统任期，成为美国历史上任期时间最长的联储局主席。

对美国中央银行的掌门人，美国金融界评论："格林斯潘一开口，全球投资人都要竖起耳朵""格林斯潘打个喷嚏，全球投资人都要伤风"。有人甚至称他为全球的"经济沙皇""美元总统"等。

美国的中央银行就是联邦储备委员会，简称"美联储"。从1913年起至今，美联储一直控制着美国的通货与信贷，起着"最后的借款人"的作用，并运用公开市场业务、银行借款贴现率和金融机构法定准备金比率三大杠杆调节经济，旨在为美国"提供一个更安全、更稳定、适应能力更强的货币金融体系"。格林斯潘之所以"打个喷嚏，全球投资人都要伤风"，在于他是美国中央银行的掌门人，手握重要法宝——货币政策。

货币政策主要有三种，分别为：扩张性货币政策、紧缩性货币政策、稳健性货币政策。

1. 扩张性货币政策

扩张性货币政策是通过提高货币供应增长速度来刺激总需求,在这种政策下,取得信贷更为容易,利息率会降低。所以,当总需求与经济的生产能力相比很低时,使用扩张性的货币政策最合适。货币政策调节的对象是货币供应量,即全社会总的购买力,具体表现形式为流通中的现金和个人、企事业单位在银行的存款。

流通中的现金与消费物价水平变动密切相关,是最活跃的货币,一直是中央银行关注和调节的重要目标。比如,当2008年美国金融危机影响到我国经济发展时,我国的货币政策是适度宽松的,利息较低,全社会贷款总额持续上涨。

2. 紧缩性货币政策

紧缩性货币政策是中央银行为实现宏观经济目标所采用的一种政策手段。这种货币政策是在经济过热,总需求大于总供给,经济中出现通货膨胀时,所采用的紧缩货币的政策。中央银行采用紧缩性货币政策旨在通过控制货币供应量,使利率升高,从而达到减少投资,压缩需求的目的。总需求的下降,会使总供给和总需求趋于平衡,降低通货膨胀率。所以,在通货膨胀较严重时,采用紧缩性的货币政策较合适。

3. 稳健性货币政策

稳健的货币政策是指根据经济变化的征兆来调整政策取向:当经济出现衰退迹象时,货币政策偏向扩张;当经济出现过热时,货币政策偏向紧缩。最终反映到物价上,就是保持物价的基本稳定。稳健的货币政策要保持中性,管住货币供给总闸门,保持货币信贷和社会融资规模合理增长,保持人民币汇率在合理均衡水平上的基本稳定。

不管是哪种货币政策,都有这样几个共同的目的:稳定物价、充分就业、促进经济增长和平衡国际收支。

合理避税：交税也是有活动空间的

合理避税并不是逃税漏税，它是一种正常合法的活动，是企业应有的经济权利。合法规避税收与偷税、漏税以及弄虚作假钻税法空子有质的区别。

我们今天理解的合理避税是指，在法律规定许可的范围内，通过对经营、投资、理财活动的事先筹划和安排，尽可能取得节税的经济利益。

当然，合理避税也不仅仅是财务部门的事，还需要市场、商务等各个部门的合作，从合同签订、款项收付等方面入手。避税是企业在遵守税法、依法纳税的前提下，以对法律和税收的详尽研究为基础，对现有税法规定的不同税率、不同纳税方式的灵活利用，尽可能多地增加企业的利润。它就像辩护律师一样，在法律规定范围内，最大限度地保护当事人的合法权益。

作为个人和企业来说，如何在合理合法的情况下尽量地减少自己的税务支出呢？对于企业来说，主要有这么几种方法：

一是变身合资企业。我国对外商投资企业实行税收倾斜政策，因此由内资企业向中外合资、合作经营企业等经营模式过渡，不失为一种获取更多减税、免税或缓税的好办法。

二是到保税区注册。凡是在经济特区、沿海经济开发区和经济技术开发区所在城市的老市区以及国家认定的高新技术产业区、保税区设立的生产、经营、服务型企业和从事高新技术开发的企业，都可享受较大程度的税收优惠。中小企业在选择投资地点时，可以有目的地选择以上特定区域从事投资和生产经营，从而享受更多的税收优惠。

三是进入特殊行业。对某些服务业的免税规定：托儿所、幼儿园、养老院、残疾人福利机构提供的养育服务，免缴营业税；婚姻介绍、殡葬服务，免缴营业税；医院、诊所和其他医疗机构提供的医疗服务，免缴营业税。

四是安置"四残人员"。占企业生产人员35%以上的民政福利企业，其经营属于营业税"服务业"税目范围内（广告业除外）的业务，免缴营业税。残疾人员个人提供的劳务，免缴营业税。

五是计算好管理费用——企业可提高坏账准备金的提取比率，坏账准备金是要进管理费用的，这样就减少了当年的利润，就可以少交所得税。企业可以尽量缩短折旧年限，使折旧金额增加，利润减少，所得税少交。另外，采用的折旧方法不同，计提的折旧额相差很大，最终也会影响到所得税额。

六是提高员工福利。中小企业私营业主在生产经营过程中，可考虑在不超过计税工资的范畴内适当提高员工工资，为员工办理医疗保险，建立职工养老基金、失业保险基金和职工教育基金等统筹基金，进行企业财产保险和运输保险等。这些费用可以在成本中列支，同时也能够帮助私营业主调动员工积极性，减少税负，降低经营风险和福利负担，使企业能以较低的成本支出赢得良好的综合效益。

对于个人来说，因为个人只要交纳个人所得税，而个人所得税是一个较少有活动空间的税种，规定非常详细。如果想减少缴税额，有这么两个方法：一是用好差旅费、用餐补贴等个人所得税免税项目，但是只能用小额的补贴，数额不能太大，比如将年终奖化整为零，分配到各月可降低税率；二是通过员工离职避税。员工离职有个税法优惠，员工领取的离职补偿金在当地员工年平均工资三倍以内的免个人所得税。

第十二章

经济学定律——聊经济，这点道理你得懂

生活中，你可能经常听到马太效应、二八法则、破窗理论等这些耳熟能详、广为传播的经济学定律。对于不太懂经济学的人来说，这些定律可以帮助其理解高深的经济学，这就像我们站在巨人的肩上，可以看得更远一样。

马太效应：好的越好，坏的越坏

《圣经·马太福音》中有一个故事：

天国有一个人要出国，就叫了三个仆人来，并把他的家业交给他们。按每个人的才干，给他们不同的银两：一个给了5000；一个给了2000；另一个给了1000。

领到5000的，拿去做了买卖，另外赚了5000；领到2000的，也照样赚了2000；但领到1000的，却在地上挖了个坑，把银子埋了起来。

过了很久，那些仆人的主人回来了，和他们算账。领5000银子的人，又带着那另外的5000银子来，说："主人，你交给我5000银子，请看，我又赚了5000。"主人说："很好，你这又良善又忠心的仆人。我要把许多事情委托给你管理，你可以享受作为主人的快乐。"

领了2000银子的人也说："主人啊，你交给我2000银子，请看，我又赚了2000。"主人说："好，你这又良善又忠诚的仆人。我也要把一事情托给你管，你也可以享受作为主人的快乐。"

领1000的人也过来说："主人啊，我知道你是严苛的人，没有种的地方要收割，没有散的地方要聚敛。我害怕，就把你给的1000银子埋藏在地里。请看，你给我的银子都在这里。"主人回答说："你这又恶又懒的仆人，你既知道我没有种的地方要收割，没有散的地方要聚敛，就把我的银子放给兑换银钱的人，等我回来的时候，可以连本带利收回。"

于是夺过他这1000来，送给那个有10000的人。

故事的最后,作者总结了一句话:"凡是有的,还要把多余的给他,让他拥有更多;没有的,连他所有的也要夺过来。"

1968年,美国社会心理学家罗伯特·莫顿认为这个故事揭示了社会心理学的一个普遍现象,于是将它称为"马太效应",意指好的越好、坏的越坏、多的越多、少的越少的一种社会现象。

虽然马太效应滥觞于社会心理学,但其在经济学中的名头更响。因为它实在太符合社会经济中一个千年难解的谜题,即富者愈富、穷者愈穷的收入分配不公现象,也就是我们常说的收入差距拉大。

按照常理,穷人为了改善生活条件,会更加努力工作,但为什么努力工作换来的却是贫困的生活?究其原因,是马太效应在经济运行过程中起到了作用。罗伯特·莫顿说:每一个个体、群体或地区,一旦在金钱、名誉、地位等某一方面获得成功和进步,就会产生一种积累优势,就会有更多的机会取得更大的成功和进步。富裕的人在金钱上占有了先天优势,这就使大多数穷人不得不靠出卖劳动力来换取维持生存的报酬,而他们的报酬又通过购买生活产品再转回到资本研有者手中。

如此循环下去,富人越来越富有,而且他们与穷人之间的差距会越拉越大。任由这种状况发展,可能会引起严重的社会问题。在人类历史上,民众每一次的起义与反抗,每一次社会动荡,每一次的王朝更迭,无不与贫穷差距过大有关。

既然马太效应造成的问题如此之大,我们要如何来克服它以维持稳定和谐的社会环境呢?

对国家来说,要避免贫富差距加大,可以通过符合市场运行机制的手段,如调节税收、转移支付等方式,来抽肥补瘦,缩小收入差距。

对个人来说,要更为勤奋努力。如今,随着社会的发展,低收入者拥有越来越多改变自己的机会。例如,低收入家庭的孩子也可受到良好教育,低收入者凭借个人的努力,完全有可能进入富裕阶层。

二八法则：无处不在的不平衡状态

二八法则又叫帕累托法则，是19世纪末20世纪初意大利经济学家帕累托发现的。他认为，在任何一组事物中，最重要的只占其中一小部分，大约20%左右，其余80%尽管是多数的，却是次要的。可以说，二八定律表现的是一种不平衡状态。就像在投资市场中，总是多数人赚钱，少数人赔钱。财富分配不均的情况影响着投资者的回报率。资本多的赚得多，资本少的相对来说回报也会少一点。

帕累托提出二八法则，目的是为了反映收入分配不公平这一现象，呼吁保护大多数人的利益。随着时间的推移，人们慢慢忘记了帕累托提出二八法则的初衷，将它运用于经济、生活等各个领域。比如在商业领域，大多数营销者都持这样一种观念：对所有顾客一视同仁，把每一个顾客当作"上帝"，所有生意都要付出百分之百努力。但二八法则告诉他们：一视同仁就意味着碌碌无为。许多情况下，80%的成绩，归功于20%的努力；市场上80%的产品可能是20%的企业生产的；20%的顾客可能给商家带来80%的利润。

所以，我们会得到一个不愿意看到的结论：通常，我们付出的80%的努力，也就是绝大部分的努力，都没有创造收益和效果，或者是没有直接创造收益和效果。而我们80%的收获却仅仅来源于20%的努力，其他80%的付出只带来20%的成果。

我们常说"一分耕耘，一分收获"。二八法则却强调"一分耕耘多分收获"，只需要抓住重点，便可以获取多数的成果。

第十二章 经济学定律——聊经济，这点道理你得懂

有一位老板请来一位效率专家，想让专家告诉他如何提高工作效率。专家请老板写下自己认为最重要的10件事情，老板为此花了5分钟，效率专家又让他花5分钟时间写下明天最重要的10件事情，并且按照重要程度进行编号。

效率专家告诉老板，每天写计划，并且按照事情的重要程度依顺序完成。效率专家同时希望将这个做法在公司内推广，并要求老板在一个月以后按收效付款。一个月后，老板给效率专家寄来1.5万美元酬金。几年后，这家公司发展为大型连锁企业。

10分钟是一个很短的时间，如果你用来考虑一件重要的事，它可能会产生巨大的价值。这就是80%的结果来自20%的原因。所以将二八法则应用在经济生活中，只需20%的时间就能创造出80%的效益。

精明的营销者深谙二八法则，并知道如何运用它。比如，在竞争比较激烈的保险行业，任何一家保险公司或任何一个保险从业人员，几乎都面临这样一种现象：80%的业务来自20%的客户。聪明的保险行销人员头脑始终比较清醒，他们不会做重复的无用的劳动，因为每个人的精力都是有限的，将精力放在无效客户身上就等于资源浪费，所以从做市场开始，他们就争取发现"对的"客户并想办法"锁定"他们。这样，他们总是用80%的精力寻找20%属于自己的顾客，再以80%的服务满足这20%的人群，因为这20%的客户将为他们提供80%的利润。

所以，二八法则向人们揭示了这样一个真理：投入与产出、努力与收获、原因和结果之间，普遍存在着不平衡的关系。小部分的努力，可以获得大的收获；起关键作用的小部分，通常就能主宰整个组织的产出、盈亏和成败。

破窗理论：破坏并不能增加财富

19世纪，有个叫黑兹利特的学者在一本小册子上写了这样一段话：

如果小孩儿打破了窗户，那么，窗户的主人就会更换新玻璃，这样就会使玻璃安装工和玻璃生产商有活干，从而增加了社会就业，拉动与此相关的其他产业，进而刺激了经济发展。

"破窗理论"是一种典型的"破坏创造财富"的观点，因其完整合理、逻辑性强，而且经常在现实中得到证实，所以很多人都比较推崇这种理论。

1998年，我国南方发生重大洪灾，当时有学者撰文称，按照破窗理论观点，我国的经济增速非但不会因为洪灾而下降，而且还会有所增长。此观点一出，遭来一片骂声。因为当时全亚洲都笼罩在金融危机的阴影中。我国因承诺人民币不贬值而面临着巨大的金融压力，经济增长也因此而面临滑坡的危险。特大洪涝灾害虽然使灾后重建工作困难重重，客观上为政府采取积极的财政政策来刺激经济提供了契机，所以，我国经济没有被经济危机压垮。可以说，在国际出口压力大增的情况下，这种特殊内需确保了经济增长的持续性。

再比如，第二次世界大战后，整个世界千疮百孔，百废待兴，在重建的过程中，很多国家都经历了经济高速增长的时期，这似乎更印证了破窗理论的正确性。

但也有一种观点认为，破窗理论不靠谱。理由是，如果打破窗户能促进经济增长，那不断搞破坏就可以了，因为打破窗户是好事。

在某条商业街上，一名顽童抡起石头，砸破了面包店的橱窗，等店主发现时，顽童已逃之夭夭。补窗户需250美元，店主发愁了。但邻居们说："别愁了，你这250美元推动了玻璃业的发展，如果你的橱窗永远不坏，玻璃店老板吃什么？如今玻璃店老板有了250美元，可向更多商家购买东西，整个商业发展了，你也是受益者。"这么说来，那个顽童还为推动经济发展做出了一定的贡献。

法国经济学家巴斯夏在一篇叫作《看得见的与看不见的》论文中驳斥了破窗理论。他在论文开篇说道："在经济领域，一个行动、一种习惯、一项制度或一部法律，产生的可能不止一种效果，而是一系列后果。在这些后果中，有些是当时就能看到的，人们都能注意到它；而有些后果则得过一段时间才能表现出来，它们总是不被人注意到，如果我们能够预知它们，我们就很幸运了。"

我们该怎么理解这段话呢？还是以"破窗理论"为例。更换玻璃是必然的，是我们能看到的，更换玻璃后的一切行为也是真实可见的，所以我们毫不犹豫地认为，这种行为确实刺激了经济的增长。通过举一反三，我们就能推出，战争、灾难、瘟疫，一切的破坏都能促进经济的增长。

事实真的如此吗？我们是否忽略了什么东西？让我们打开脑洞，认真思考一下。如果窗户的主人本来想购买一套西装，但是由于玻璃碎了，他不得不把准备买西装的钱用于更换玻璃。如果玻璃没碎，他原本可以拥有一套漂亮的西装和一扇完好的窗户。可是由于窗户坏了，他不得不对窗户进行维修。结果，他只能取消买西服的计划。

许多时候，人们会被现实的景象所蒙蔽，从而忽视了背后隐藏的真相。有句话叫"淹死的都是会游泳的"。

这句话告诉我们，理论有时候具有很大的欺骗性，如果你无法识破它，就等于不相信会游泳的人也能淹死。破窗理论就像通过各种推理证明"会游泳的人永远不可能淹死"一样荒谬，它用理论逻辑蒙蔽人们的常识认知，其实常识比理论更实在，更容易让人做出正确的判断。

第十二章　经济学定律——聊经济，这点道理你得懂

长尾理论：赚穷人的钱更容易

长尾理论最早由美国《连线》杂志主编克里斯·安德森提出，它与二八法则刚好相反，是网络时代兴起的一种新理论。

有一次，克里斯·安德森在与eCast首席执行官范·阿迪布会面时，从阿迪布那里听到了一个非常有意思的消息。范·阿迪布从数字音乐点唱的统计中发现了一个机会：听众对98%的非热门音乐有着无限的需求，非热门的音乐集合市场无比巨大。阿迪布把这称为"98法则"。"98法则"引起了安德森的极大兴趣，他开始着手研究谷歌、易贝（eBay）、网飞（Netflix）、亚马逊、狂想曲公司等互联网零售商的销售数据，并与沃尔玛等传统零售商的销售数据进行了对比。结果安德森画出了一个大头拖着一条长尾巴的二维统计曲线，长尾理论从此诞生。

如果将二八法则所关注的市场比喻成头部，长尾理论所关注的市场就像一条长长的尾巴，这也是长尾理论得名的原因。

例如，在市场中，厂商将大部分精力投入到80%的客户会购买的20%产品上，并全力维护购买其80%产品的20%的大客户。这些产品和客户是所有产品和客户中的大脑袋，剩余的产品和客户就像长长的尾巴一样而被厂商忽视。

下图是长尾市场的曲线图,横坐标代表的是产品流行度,纵坐标是产品销量。其中流行度最直接的表现就是排行榜或者名次,影响流行度高低的因素主要是产品的需求度——它们属于主流还是小众,质量是高还是低,以及产品的新旧程度等。流行度与销量是一起出现的,因为在统计时,流行度是按销量来计算的,销量是流行度的表现依据。

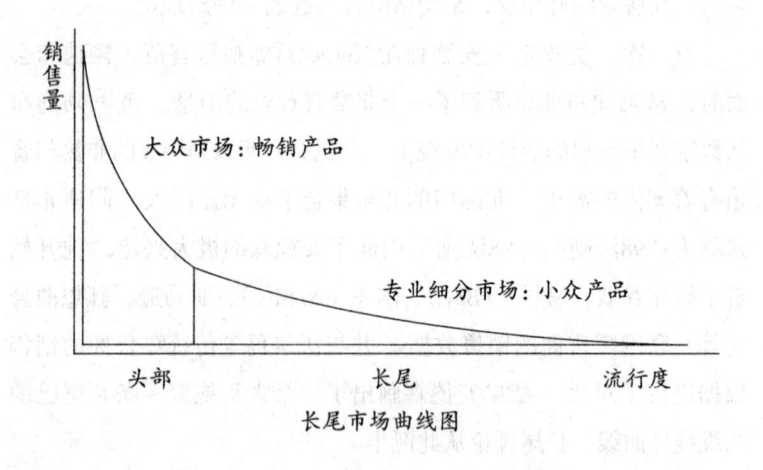

长尾市场曲线图

长尾市场的出现与变化始终与市场的需求与变化密切相关。企业在经营有形产品或者数字化产品中,会出现需求大于供应的情况:企业经营少量产品时,每种产品都有一定的销量,此时可以通过深度调研分析,确定市场需求是否饱和。如果按长尾理论阐释的话,此时的供应并没有满足市场中的需求,可以选择为用户提供更多的产品类型。

需求大于供应

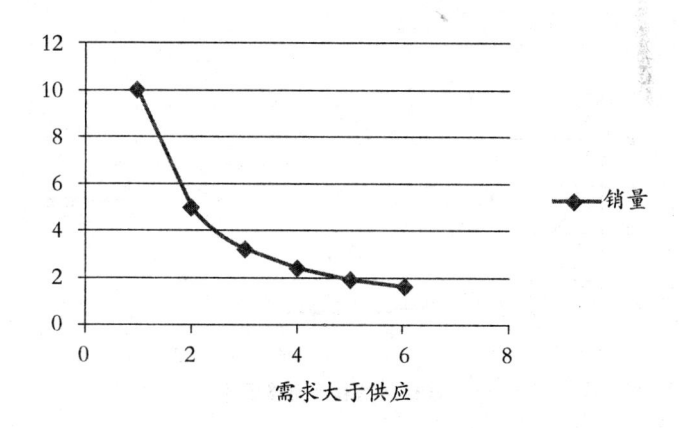

还有一种情况，企业提供丰富的产品线，但是某些类型的产品销量为零，需求与供应不相匹配。这可能是因为营销模式和策略不当所致，这时，可以考虑进行产品线调整。

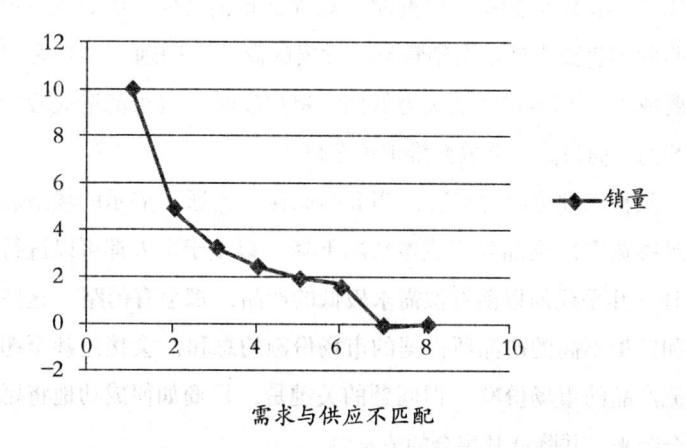

需求与供应不匹配

一旦形成长尾倾向，相应地，充足的供给会释放更多的需求，当然这个需求有可能是全新的，也有可能是既存需求。此时的曲线就是标准的幂律曲线。

丰富的供给释放更多需求

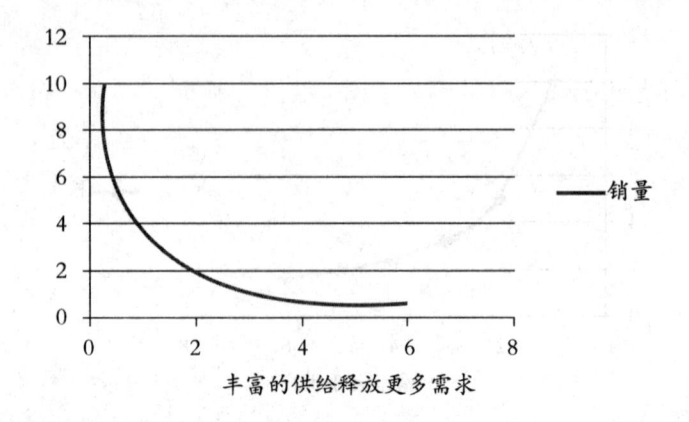

在现实中，厂家为什么奉二八法则为圭臬，而忽略掉长长的尾巴呢？原因很简单，厂商销售每件产品都需要一定的成本，增加品种所带来的成本也要分摊。所以，每个品种的利润与销量成正比，当销量低到一个限度时，就无法抵消其成本而造成亏损。聪明的零售商当然不会销售导致亏损的商品。同理，维护客户也需要成本，当客户的购买力低到一定程度时，也可能造成亏损，理智的厂商自然就会放弃维护该客户。

从长尾理论的观点看，当商品储存、流通、展示的场地和渠道足够宽广，商品生产成本急剧下降，以至于个人都可以进行生产时，几乎任何以前看似需求极低的产品，都会有销路。这些需求和销量不高的产品所占据的市场份额的总和，会接近甚至超越主流产品的市场份额。但问题的关键是，厂商如何成功地将尾部集合起来，并降低其集合的成本？

互联网为商家提供了这种可能。因为，互联网商家的库存很少，或者根本没有库存，而且网站流量和维护费用又远低于传统店面，所以网络商店可以无限扩大销售品种。像在淘宝、天猫、拼多多上开店等就是如此。

除此之外，就是集合成本的问题，传统市场因为仓储、支付、配送等各个环节都会形成成本，限制了长尾理论的发挥，而如果互联网企业销售的是虚拟产品，则支付和配送成本几乎为零，可以把长尾理论发挥到极致。比如，在线电子书、音乐下载都属于这种情况。可以说，虚拟产品销售天生就适合长尾理论。

随着网络的不断普及和网络技术的飞速发展，传统厂商也正在向网络市场进军，一个可能完全颠覆二八法则的经济环境正在形成。

萨伊定律：供给能够创造自身需求

19世纪初，法国经济学家巴蒂斯特·萨伊否定生产全面过剩的存在，并提出了"供给能够创造自身需求"的观点，这就是所谓的萨伊定律。萨伊定律也叫萨伊市场定律，是一种在19世纪初比较流行的经济思想。

萨伊认为，产品买卖本质上是产品交换，货币只在一瞬间起媒介作用，每个生产者之所以愿意从事生产活动，不是为了满足自己对该产品的消费欲望，而是为了与他人交换其他产品，产品总是用产品来购买，买者同时也就是卖者，买卖是完全统一的。所以，产品的供给总是能为自己创造出新的需求，总供给与总需求一定是相等的。该定律包含三个理论要点：

（1）产品生产本身能创造自己的需求。

（2）由于市场经济具有自我调节功能，所以不会产生普遍性的生产过剩，只有个别部门会出现供求失衡现象，但这种现象是暂时的。

（3）货币仅仅是流通的媒介，产品的买卖不会脱节。

著名的古典学派代表人物李嘉图也表达过类似的观点："任何人从事生产都是为了消费或销售；销售则是为了购买对他直接有用或是有益于未来生产的某种其他商品。因此，一个人从事生产时，如果他不是自己商品的消费者，那必然会成为他人商品的购买者和消费者。"

著名英国经济学家穆勒对萨伊定律做了进一步的阐释，他认为，所有生产活动最终都是为了消费，也是为了获得自己需要的物品，人们必须通过生产某些产品来与别人进行交换。由于货币只作为媒介，如果不存在货币的话，生产者就没有必要储存多余的产品，他们会立刻将产品卖掉。生产者也是消费者，个人所得最后仍然会用于消费和投资，所以社会的总供给会等于总需求。

但是，萨伊认为的不会出现普遍性生产过剩的局面，却在20世纪30年代西方经济大萧条中出现了——25%的失业率和普遍的生产过剩，使人们开始对萨伊定律产生了怀疑。其中，著名的经济学家凯恩斯还对萨伊定律进行了批判，他以"边际消费倾向随收入增加而发生递减"现象来否定萨伊定律，并有针对性地提出了有效需求的概念，他认为，萨伊定律忽视了有效需求不足的问题，所以它的理论基础非常脆弱。

"……当我们的收入增加时，相应地，我们的消费也会随之增加，但增加的量不像收入增加那样大……根据这一心理规律，就业量越大，与之相对应的总供给价格与企业家能够从消费者支出那里收回的社会愿意消费数量之间的差距也越大。所以，如果消费倾向不变，就业量就不会增加。"

为了能够维持充分就业的状态，凯恩斯认为政府需要采用积极的财政货币政策来刺激总需求，实行以需求管理为核心的经济政策，凯恩斯的这种观点迎合了西方经济大萧条后人们害怕失业的心理，所以受到了人们的热捧，一度成为"二战"后西方经济学界的主流思想。

在20世纪70年代，美国经济出现"滞胀"，对于这种现象，凯恩斯主义无法解释。按照传统凯恩斯理论，出现通货膨胀问题，说明经济过热，总需求过盛，总供给跟不上总需求水平，此时绝对不会出现经济衰退现象，更不会出现大量失业，而现实却是通货膨胀与大量失业并存。

在凯恩斯主义面临质疑的情况下，以芒德尔、拉弗、万尼斯基为代表的人物相继站了出来，他们重新肯定萨伊定律的有效性，重视生产的供给方面，认为生产的增长取决于劳动力和资本等生产要素的供给和有效利用，而需求则会自动适应供给的变化，并提出美国经济之所以出现"滞胀"现象，是因为胡乱刺激需求造成的。